# LÉGENDES

# NORMANDES

PARIS. — IMP. DE L. GUÉRIN, 26, RUE DU PETIT-CARREAU

# LÉGENDES
# NORMANDES

PAR

GASTON LAVALLEY

PARIS
LIBRAIRIE DE L. HACHETTE ET Cie
BOULEVARD SAINT-GERMAIN, N° 77

1867

Droits de propriété et de traduction réservés

# LÉGENDES NORMANDES

## BARBARE

### I

**La Déesse de la Liberté.**

La petite ville de Bayeux avait mis, ce jour-là, ses habits de fête. Les rues étaient pleines de monde. De temps en temps, de bruyantes détonations faisaient trembler les vitres. Le mouvement, le bruit, l'odeur de la poudre, le parfum des fleurs qu'on foulait aux pieds ou qui s'épanouissaient en fraîches guirlandes aux étages supérieurs, les drapeaux qui flottaient au vent, les clameurs de la foule, tout annonçait, tout respirait la joie. Là, des bandes d'enfants bondissaient, se jetant à travers les jambes des promeneurs pour ramasser dans la poussière une rose à moitié flétrie. Ailleurs, des mères de famille donnaient fièrement la main à de jolies petites filles, blondes têtes, doux visages, beautés de l'avenir, dont on avait caché les grâces naissantes sous un costume grec du plus mauvais goût. Et partout de la gaieté, des hymnes, des chansons ! A chaque fenêtre, des yeux tout grands ouverts ; à chaque porte, des mains prêtes à applaudir.

C'est que, depuis longtemps, on n'avait eu pareille occasion de se réjouir. La municipalité de Bayeux venait de recevoir trois pierres de la Bastille, sur lesquelles on avait fait graver *les droits de l'homme ;* et l'on devait profiter de cette circonstance pour inaugurer les bustes de Marat, de Le Pelletier et de Brutus.

Tandis que la foule encombrait les abords de l'hôtel de ville et préludait à la fête officielle par des cris de joie et des chants patriotiques, une petite maison, perdue dans un des faubourgs les plus retirés de la ville, semblait protester, par son air paisible, contre cette bruyante manifestation populaire.

Les fenêtres en étaient fermées, comme dans un jour de deuil. De quelque côté que l'œil se tournât, il n'apercevait nulle part les brillantes couleurs de la nation. Aucun bruit n'arrivait de l'intérieur; on n'entendait que le murmure du vent qui se jouait dans les contrevents, ou qui passait en sifflant dans la serrure. C'était l'immobilité, le silence de la tombe. Comme un corps, dont l'âme s'est envolée, cette sombre demeure semblait n'avoir ni battement, ni respiration.

Cependant la vie ne s'était pas retirée de cette maison.

Une jeune fille traversa la cour intérieure en sautant légèrement sur la pointe des pieds, s'approcha d'une porte massive, qu'elle eut grand'peine à faire rouler sur ses gonds, et entra, à petits pas, sans bruit, et en mettant les mains en avant, dans une pièce assez sombre pour justifier cet excès de précaution.

Un vieillard travaillait dans un coin, auprès d'une fenêtre basse. Le jour le frappait en plein visage et accusait vivement la maigreur de ses traits. La jeune fille s'avança vers cet homme, et, lorsqu'elle apparut dans cette traînée lumineuse, où se baignait l'austère physionomie du vieillard, ce fut un spectacle étrange et charmant.

On aurait pu se croire transporté devant une

de ces toiles merveilleuses de l'école espagnole, où l'on voit une blonde tête d'ange qui se penche à l'oreille de l'anachorète pour lui murmurer de ces mots doux comme le miel, et qui lui donnent un avant-goût des joies célestes.

Il est fort présumable, en effet, que le digne vieillard était plus occupé des choses du ciel que de ce qui se passait sur la terre. A peine la jeune fille eut-elle posé familièrement la main sur son épaule qu'il se releva brusquement, comme s'il eût senti la pression d'un fer rouge.

— Ah! fit-il avec terreur... c'est vous, mademoiselle Marguerite?

— Eh! sans doute... Je t'ai donc fait peur?

— Oh! oui... C'est-à-dire non... Ce sont ces gueux de patriotes qui me font sauter en l'air avec leurs maudites détonations!

— Au moins ces coups de fusil ne font-ils de mal à personne.

— Pouvez-vous parler ainsi, mademoiselle!... vous, la fille de monsieur le marquis!

— Lorsque les hommes s'amusent, mon bon Dominique, ils ne songent pas à nuire à leur prochain.

— Ils insultent à notre malheur!

— Voyons. Je suis sûre que ta colère tomberait comme le vent, si mon père te donnait la permission d'aller à la fête.

— Moi?... j'irais voir de pareils coquins?.,.

— Oui... oui... oui...

— Il faudrait m'y traîner de force !

— Que tu es amusant !

— Et encore je ne regarderais pas... Je fermerais les yeux !

— Tu les ouvrirais tout grands !

— Ah ! mademoiselle, vous me méprisez donc bien ?

— Du tout. Mais je te connais.

— Vous pouvez supposer?...

— J'affirme même que tu ne resterais pas indifférent à un tel spectacle... Une fête du peuple?... Je ne sais rien de plus émouvant !

— Le fait est, reprit Dominique en se calmant tout à coup, qu'on m'a assuré que ce serait très-beau !

— Tu t'en es donc informé?...

— Dieu m'en garde !... Seulement, en faisant mes provisions, ce matin, j'ai appris...

— Si tu fermes les yeux, tu ne te bouches pas les oreilles.

— Dame ! mademoiselle, quand on tient un panier d'une main et son bâton de l'autre...

— On est excusable, j'en conviens... Alors, tu as appris?...

— Qu'on doit porter en triomphe la déesse de la Liberté... Toute la garde nationale sera sous les armes !

— Vraiment !

— Le cortége aura plus d'une demi-lieue de long. Un cortége magnifique !... Quelque chose comme la promenade des masques au carnaval !

— Imprudent !... Si l'on nous entendait !...

— Oh ! je ne redoute rien, moi ! Les patriotes ne me font pas peur !... Et, si je ne craignais d'être grondé par monsieur le marquis, j'irais voir leur fête, rien que pour avoir le plaisir de rire à leurs dépens !

— Ainsi, sans mon père?...

— Sans monsieur le marquis, je les poursuivrais déjà de mes huées !

— Et si je prenais sur moi de t'accorder cette permission?

— Monsieur le marquis ne me pardonnerait pas cette escapade.

— S'il l'ignorait?

— Vous ne me trahiriez pas?

— A coup sûr... Je serais ta complice.

— Quoi! mademoiselle, vous auriez aussi l'idée d'aller à la fête?

— J'en meurs d'envie!... Il y a si longtemps que je suis enfermée dans cette tombe! S'il est vrai que les morts sortent quelquefois du sépulcre, les vivants doivent jouir un peu du même privilége.

— Mademoiselle n'a pas l'intention de se moquer de moi?

— Regarde-moi, dit la jeune fille.

A ces mots, elle entra tout entière dans la zone lumineuse qui rayonnait à travers l'étroite fenêtre. Le vieux domestique poussa un cri de surprise.

— Mademoiselle en femme du peuple!

— Tu vois que je pense à tout. Si je fais une folie, on ne m'accusera pas de légèreté. Tu me donneras le bras, je passerai pour ta fille, et personne ne songera à nous inquiéter. Viens vite!

Dominique ne se le fit pas dire deux fois. Il laissa là sa brosse et les souliers qu'il nettoyait, prit sa casquette, traversa rapidement la cour, sur les pas de sa maîtresse, et ouvrit avec précaution la porte de la rue.

— Monsieur le marquis ne se doutera de rien?

dit-il à la jeune fille, lorsqu'ils se trouvèrent dehors.

— Il fait sa correspondance. Nous avons deux bonnes heures de liberté! répondit Marguerite.

Puis elle passa son bras sous celui du vieillard, qu'elle entraîna vers le centre de la ville.

Il était temps. Le cortége s'était mis en marche et gravissait lentement la principale rue de la ville. C'étaient d'abord les bataillons de la garde nationale. Rien de plus pittoresque et de plus martial que l'aspect de ces soldats bourgeois. Artisans pour la plupart, ils n'avaient eu ni le temps ni le moyen de s'enfermer dans un riche uniforme. Mais ils savaient la patrie en danger. Leurs fils mouraient à la frontière, et, tandis que le plus pur de leur sang arrosait les bords du Rhin ou grossissait les eaux de la Loire, ils étaient prêts à sacrifier leur vie pour la défense de leurs foyers. Et personne alors ne songeait à rire en voyant ce singulier assemblage de piques, de bâtons, de sabres et de fusils, ces vêtements déguenillés, ces bras nus, tout noirs encore des fumées de la forge ou de l'atelier, qu'on venait de quitter, pour saluer en commun l'aurore des temps modernes!

Derrière les gardes nationaux marchait une

troupe de jeunes gens qui portaient sur leurs épaules des arbres de la liberté, parés de fleurs et de rubans. Après eux, les frères de la *Société populaire,* coiffés du bonnet phrygien, soulevaient au-dessus de leur tête les trois pierres de la Bastille. Des chars, splendidement ornés et ombragés par des drapeaux, présentaient aux regards de la foule, comme un double objet de vénération, des vieillards et des soldats blessés : les victimes de l'âge et les victimes de la guerre! Sublime allégorie qui enseignait à la fois le respect qu'on doit à l'expérience et la pitié que mérite le malheur !

Quelques pas en arrière venait la déesse de la Liberté. Mais ce n'était pas cette *forte femme qui veut qu'on l'embrasse avec des bras rouges de sang,* cette femme *à la voix rauque,* cette furie enfantée, dans un moment de délire, par l'imagination d'un grand poëte. C'était une belle jeune fille, dont les blonds cheveux se déroulaient avec grâce sur les épaules. Une tunique blanche serrait sa taille. Elle rougissait sous les regards de la foule, et cachait son beau corps sous les plis d'un manteau bleu. De petits enfants semaient des fleurs à ses pieds, et l'un d'eux agitait devant elle une bannière, sur laquelle on lisait cette devise : *Ne me changez pas en licence, et vous serez heureux!* Après elle, comme pour montrer qu'elle est la source de tout bien et de toute richesse, de jeunes moissonneurs, couchés sur des gerbes de blé, conduisaient une charrue traînée par des bœufs.

Un soleil splendide s'était associé à cette fête d'un caractère antique. Les fleurs s'épanouissaient et versaient autour d'elles le trésor de leurs parfums; le peuple était joyeux, les enfants battaient des mains, et l'on aurait pu croire assister à une des fêtes de l'Athènes païenne.

Marguerite et le domestique s'étaient blottis dans l'embrasure d'une porte, et, de là, ils voyaient défiler le cortége, sans être trop incommodés par le flot des curieux qui ondoyait à leurs pieds.

Dominique avait fait bon marché de ses vieilles rancunes et regardait tout, en spectateur qui ne veut perdre ni son temps, ni son argent. En toute autre circonstance, la jeune fille n'eût pas manqué de profiter du riche thème à plaisanteries qu'aurait pu lui fournir l'ébahissement de l'ennemi juré des patriotes. Mais elle était trop émue elle-même pour exercer sa verve railleuse aux dépens du vieillard. L'enthousiasme de la foule est si puissant sur les jeunes organisations qu'elle se sentait, par moments, sur le point de chanter avec elle les refrains passionnés de la *Marseillaise;* et lorsque la déesse de la Liberté vint à passer, elle battit des mains et ne put retenir un cri d'admiration.

— La belle jeune fille! dit-elle en montrant la déesse au vieux domestique.

Tout entière à ce qu'elle voyait, Marguerite ne se doutait pas qu'elle était elle-même l'objet d'une admiration mystérieuse. Un homme du peuple ne la quittait pas des yeux, et restait indifférent au double spectacle que lui offraient la foule et le cortége. C'était une tête puissante, rehaussée encore par les vives couleurs du bonnet phrygien, qui lui donnait quelque ressemblance avec le type populaire de Masaniello. Comme le pêcheur napolitain, le jeune homme paraissait poursuivre un rêve aimé; ses yeux plongeaient dans le regard limpide de Marguerite comme dans l'azur de la mer. Tout à coup on le vit se redresser brusquement, comme un homme réveillé en sursaut, s'élancer d'un seul bond jusqu'aux pieds de la jeune fille, et se ruer sur un des spectateurs qui venait de ramasser un bijou dans la poussière.

— Il y a des aristocrates ici! s'écria cet homme, en montrant à la foule une petite croix ornée de brillants qui scintillaient au soleil.

— Tu en as menti! répliqua le mystérieux adorateur de Marguerite, en prenant l'homme à la gorge et en lui arrachant le bijou.

— Cette croix est à moi, dit timidement la jeune fille.

En parlant de la sorte, elle tendait la main pour s'en emparer.

—Taisez-vous! lui dit à voix basse son protecteur inconnu. Voulez-vous donc vous perdre?... Sauvez-vous! Il en est temps encore!

— Il a raison, dit Dominique.

Puis il ajouta avec intention, mais de manière à n'être entendu que du jeune homme :

— Sauvons-nous, ma fille! viens, mon enfant!

— Au nom du ciel, partez vite! leur dit encore l'homme du peuple.

Le vieux domestique entraîna la jeune fille. Grâce au tumulte que cette scène avait occasionné, ils purent disparaître sans attirer l'attention de leurs voisins.

Cependant le patriote, humilié de sa chute, s'était relevé, l'œil menaçant et l'injure à la bouche.

— Mort aux aristocrates! dit-il.

— A la lanterne! à la lanterne! s'écria la foule.

— Vous n'avez donc pas assez de soleil comme ça? dit le sauveur de Marguerite en regardant la multitude avec un sourire ironique. Essayez de me hisser à la place de vos réverbères!

En même temps, il se rejeta en arrière, par un brusque mouvement, et fit face à ses adversaires.

— Il est brave! s'écria-t-on dans la foule.

— C'est un aristocrate! dit une voix.

— Pourquoi porte-t-il une croix sur lui? demanda l'homme du peuple qui s'était vu terrasser.

— Parce que cela me plaît! répondit le jeune homme, en se croisant les bras sur la poitrine.

— C'est défendu!

— Défendu?... Vous êtes plaisants, sur mon honneur! répliqua l'accusé. Vous promenez dans vos rues la déesse de la Liberté, et je n'aurais pas le droit d'agir comme bon me semble?

— Il a raison, dirent plusieurs assistants.

— C'est un agent de Pitt et de Cobourg, reprit l'homme du peuple. A la lanterne, l'aristocrate!

— Oui! à la lanterne!

Et la foule resserra le demi-cercle qu'elle formait devant le jeune homme.

— Pensez-vous m'intimider? dit-il en s'appuyant prudemment contre le mur d'une maison, pour n'être pas entouré.

Mais sa noble attitude ne pouvait maîtriser longtemps les mauvais instincts de la foule. Les sabres, les piques, les baïonnettes s'abaissèrent, et la muraille de fer s'avança lentement contre le généreux défenseur de Marguerite.

— Mort à l'aristocrate! s'écria le peuple en délire.

Le demi-cercle se rétrécissait toujours et la pointe des piques touchait la poitrine du jeune homme. Tout à coup une voix de tonnerre se fit entendre. Un homme, à puissante stature, fendit la foule en distribuant, de droite et de gauche, une grêle de coups de poing, et vint se placer résolûment devant la victime qu'on allait sacrifier.

— Êtres stupides! dit-il avec un geste de colère, en s'adressant aux agresseurs. Quelle belle besogne vous alliez faire là!... Égorger le plus pur des patriotes! Barbaro, mon ami, un des défenseurs de Thionville!

— Un défenseur de Thionville! murmura la foule, avec un étonnement mêlé d'admiration.

Les agresseurs les plus rapprochés de Barbare, rougissant de l'énormité du crime qu'ils avaient été sur le point de commettre, baissèrent la tête avec une sorte de confusion. Cependant l'homme du peuple, que Barbare avait renversé à ses pieds, n'avait pas encore renoncé à l'espoir de se venger sur le lieu même témoin de son humiliation. Il ôta respectueusement son bonnet de laine, et, s'approchant du nouveau venu :

— Citoyen, lui dit-il, nous avons pleine confiance dans celui qui préside notre club. Mais tu ne connais pas bien celui que tu défends. C'est un aristocrate. Il porte une croix sur sa poitrine!

— Est-ce vrai? demanda le président de la Société populaire, en se tournant du côté de Barbare.

Pour toute réponse, le jeune homme prit la petite croix qu'il avait déjà suspendue à son cou et la montra au peuple.

— C'est stupide ce que tu fais là! lui dit le président du club à voix basse.

— Non! répliqua le jeune homme, de manière

à être entendu de tous ceux qui l'entouraient. Tant que vous laisserez les croix au haut des tours du temple de la Raison, je me croirai autorisé à porter le même signe sur ma poitrine.

Tout en parlant de la sorte, il suspendit la petite croix à son cou.

— Il parle bien! cria la foule.
— C'est un bon patriote!
— Il vaut mieux que nous!
— A la cathédrade! à la cathédrale!
— Arrachons les croix!

Et déjà le peuple se préparait à exécuter sa menace.

— Attendez! mes enfants, s'écria le président de la Société populaire. Ne faites rien sans l'assentiment du club. Pour le moment, ne songez qu'à vous amuser. Retournez à la fête.

— C'est juste! Rattrapons le cortége! s'écria la foule.

Et non moins prompte à agir qu'à changer de résolution, elle eut bientôt abandonné le lieu qu'elle avait failli ensanglanter.

## II

**Le Club.**

Quelques instants après, la rue se trouva complétement déserte. On n'entendait plus que le bruit lointain de la fête et le vague murmure de la foule. Barbare rompit le silence, et, prenant les mains de son compagnon qu'il serra avec une sombre énergie :

— Citoyen président, dit-il, tu m'as sauvé la vie !

— Ne parlons pas de cela ! répondit le colosse.

— Si fait ! je veux t'en remercier et je ne souhaite rien tant que d'avoir l'occasion de te prouver ma reconnaissance.

— Mais, mon bon ami, je n'ai fait que mon devoir.

— C'est bien ! nous sommes gens de cœur et nous nous comprenons !... Écoute... j'ai encore un service à te demander.

— Parle.

— Nous sommes seuls. Personne ne peut nous voir. Laisse-moi partir.

— Et la fête? dit le patriote.

— J'en ai vu assez comme cela.

— Ah! fit le président du club en souriant... Je devine!... Un rendez-vous d'amour?

— Peut-être, répondit Barbare en rougissant.

— Va, mon garçon, reprit le patriote avec bonté. La République ne défend pas d'aimer; elle t'excuse par ma bouche; mais n'oublie pas d'assister, ce soir, à la séance du club.

— Merci et adieu! dit Barbare en donnant une dernière poignée de main à son libérateur.

— Adieu, répondit le président.

Et le brave homme, après s'être amusé à regarder son protégé qui courait à toutes jambes, s'empressa de rejoindre le cortége.

Barbare n'avait pas oublié dans quelle direction le vieillard et la jeune fille avaient pris la fuite. Il s'engagea dans un vrai labyrinthe de rues tortueuses et courut tant et si bien, qu'en arrivant aux dernières maisons de la ville, il aperçut sur la grand'route, à une portée de fusil environ, Dominique et Marguerite qui s'étaient arrêtés pour reprendre haleine. Il cria de toutes ses forces et leur fit signe de l'attendre. Mais cette bruyante manifestation eut un résultat diamétralement opposé à celui qu'il en espérait. A la vue de cet homme qui semblait les poursuivre, les fugitifs furent saisis d'une véritable panique et la peur leur rendit des jambes. Barbare eut beau presser le pas, gesticuler, crier ; il ne put arrêter le vieillard et sa jolie compagne. Il les vit s'approcher de la petite maison isolée et disparaître derrière la porte, qui se referma avec fracas.

Le jeune homme se sentit des larmes dans les yeux. Il s'approcha de la porte qu'il essaya de pousser, dans l'espoir sans doute que les fugitifs, en la jetant avec violence, l'auraient laissée entr'ouverte. Mais elle résista à tous ses efforts. Il se colla l'œil contre la serrure et n'aperçut qu'un corridor sombre. Il chercha le cordon de la sonnette ou le marteau de la porte. Rien ! Il frappa contre les planches sonores et prêta l'oreille. Pas le moindre bruit ! Il recula de quelques pas, pour voir toute la façade de la maison. Peut-être découvrirait-il une figure curieuse, une main derrière un rideau ? Hélas ! le soleil lui-même ne visitait plus cette triste demeure. Et les fenêtres, ces yeux de la maison, s'étaient voilées sous leurs contrevents, comme l'œil sous la paupière.

Barbare éprouva un affreux serrement de cœur. Il eût donné sa vie, en cet instant, pour revoir ce frais visage, cette charmante apparition dont il était encore ébloui. Elle était là, pourtant, à deux pas de lui, derrière cette muraille!... Comme la mère qui rôde, le soir, devant la prison où gémit son enfant, et qui se demande si quelque barreau de fer ne lui livrera pas un passage, le jeune homme ne pouvait se décider à partir et s'en remettait au hasard, cette dernière consolation des désespérés! Il attendit longtemps encore. Mais la patience l'abandonna. Se sentant jeune et fort, il se révolta à la pensée que quelques planches, à peine jointes, lui opposaient un obstacle. Il s'élança vers la porte, bien déterminé à l'ébranler sous un dernier effort. Mais il recula bientôt en rougissant.

— Qu'allais-je faire? pensa-t-il. Ce seuil est inviolable! Il n'y a là ni barreaux, ni soldats pour le défendre. Et je ne dois y entrer que par la volonté de celle que j'aime!

Alors il tira de son sein la petite croix, ornée de diamants, la baisa avec respect et, l'agitant au-dessus de sa tête :

— C'est votre croix ! dit-il, votre croix que je vous rapporte !

Deux fois il fit le même geste et poussa le même cri. Mais la maison ne sortit pas de son sommeil. Le jeune homme, après avoir caché la petite croix sur son cœur, reprit tristement le chemin de la ville.

Lorsqu'il entra dans le faubourg, on allumait déjà les réverbères, dont les lanternes huileuses se balançaient, avec un grincement sinistre, et faisaient, en quelque sorte, danser le jour et la nuit entre les noires façades des maisons. Les bruits de la fête avaient cessé. Tout était rentré dans le silence. On n'entendait guère que le pas sonore du promeneur attardé qui regagnait son foyer, ou le sourd grognement de l'ivrogne qui luttait avec une borne, dans un coin obscur. Tout ce qu'il y avait de paisible ou de craintif s'était prudemment renfermé derrière une porte bien close, et la vie politique ne battait plus qu'au cœur même de la cité, dans une des salles basses de l'ancien évêché. C'était là que se donnaient rendez-vous les plus purs et les plus ardents patriotes de la ville.

Barbare n'avait pas oublié la recommandation que lui avait faite le président de la société populaire. Pour rien au monde, il n'aurait voulu manquer à l'engagement qu'il avait pris. D'ailleurs, il ne se sentait pas dans une disposition d'esprit à rechercher la solitude. Dans les temps de révolution, l'amour, — ce sentiment raffiné qui trouve tant de charmes à se replier sur lui-même et qui met tant de complaisance à caresser même la pensée d'un revers, — l'amour semble se ressentir de la fièvre des passions politiques. Il fuit la rêverie, il marche, il court vers le but et, s'il éprouve un échec, il demande à la vie publique un instant d'oubli et de distraction. Aussi, Barbare se dirigea-t-il en toute hâte vers l'ancien évêché.

Son entrée dans la salle du club fut un vrai triomphe.

— Vive Barbare! cria la foule.

— Ah! fit le jeune homme en promenant autour de lui un regard ironique, il paraît qu'on n'a plus envie de me hisser à la lanterne. Le moment serait pourtant mieux choisi que tantôt. Car vous êtes bien mal éclairés!

Un éclat de rire général accueillit cette saillie, et chacun montra en plaisantant à son voisin les deux chandelles qui fumaient tristement au pied de l'estrade où montaient les orateurs.

— Citoyen Barbare, répondit une voix énergique, si la République n'a pas le moyen de se payer des flambeaux, elle compte sur la bonne volonté des patriotes. Nos fils, qui sont à la frontière, n'ont pas de souliers pour marcher à l'ennemi ; nous n'avons pas le droit d'être difficiles, et nous saurons défendre les intérêts de la patrie avec les seules lumières de notre raison.

— Bien répondu ! dit la foule.

Le jeune homme tressaillit ; car il venait de reconnaître la voix de l'homme auquel il devait la vie. Il fendit les rangs serrés des auditeurs et s'approcha respectueusement du magistrat populaire.

— Citoyen président, dit-il, je n'ai pas eu l'intention d'offenser la majesté de la République. J'ai déjà versé mon sang pour elle et je suis prêt à lui donner une nouvelle preuve de mon dévouement. Je demande la parole.

— Je te l'accorde, répondit le président d'un ton bref.

D'un bond puissant, Barbare escalada la tribune, comme s'il eût monté à l'assaut. Du haut de ces misérables tréteaux, où l'éloquence populaire agitait tant de questions sérieuses ou plaisantes, grotesques ou sublimes, le jeune homme contempla un instant toutes ces têtes qui se balançaient au-dessous de lui, dans un demi-jour. C'était un tableau digne des maîtres flamands. Au premier plan, des ouvriers encore armés de leurs instruments de travail, des femmes, des enfants, des mendiants avec leurs besaces, des rôdeurs de nuit, chaos étrange, mer de haillons dont chaque flot s'éclairait d'un rouge reflet ou retombait dans les ténèbres, suivant que le caprice du vent ravivait ou menaçait d'éteindre la flamme des chandelles ; et plus loin, au fond de la salle, un pâle rayon de la lune, glissant à travers les vitraux d'une fenêtre et venant entourer d'une douce lumière les cheveux blancs des frères de la Société populaire.

Une rumeur sourde s'éleva de tous les coins de la salle, lorsqu'on vit le jeune homme escalader les degrés de l'estrade. Mais, peu à peu le bruit cessa pour faire place au silence de l'attente. Barbare se pencha sur le bord de la balustrade, et, s'adressant à la foule :

— Citoyens, dit-il d'une voix ferme, vous avez déjà deviné sans doute le sujet de ma motion. Je demande que la municipalité tienne une récompense toute prête pour celui qui aura le courage de monter aux tours de la cathédrale et d'en enlever les croix.

— Bravo! bravo! vive Barbare! cria la foule.

Barbare descendit précipitamment au milieu des acclamations, et se dirigea vers la porte de la salle basse. Au moment où il allait en franchir le seuil, la voix d'un nouvel orateur lui causa une telle surprise qu'il s'arrêta sur-le-champ et se retourna, pour voir si ses sens ne l'avaient pas trompé. Il regarda du côté de la tribune et reconnut l'homme du peuple qu'il avait terrassé, le matin.

— Citoyens, disait cet homme, on conspire dans la ville contre la République.

— Qui ça? demanda la foule avec des cris furieux.

— Je ne sais. Mais je puis affirmer qu'il y a des aristocrates...

— Où donc? reprit encore la foule, dont la colère augmentait en raison de son impatience.

— A la sortie de la ville, dans une petite maison isolée, à peu de distance de la rivière.

Barbare sentit un frisson passer dans tous ses membres.

— Dans la *Vallée aux Prés*? demanda la foule.

— Oui, répondit l'orateur. Les contrevents de la maison sont fermés nuit et jour. Aucun bruit! jamais de lumière! apparences suspectes. A coup sûr, ce sont des royalistes ; et l'on devrait charger un citoyen, bien connu pour son patriotisme, de s'introduire dans l'intérieur de cette maison.

— Mort aux aristocrates ! s'écrièrent les plus ardents des patriotes.

— Hélas ! pensa Barbare, cette jeune fille et son père sont perdus, si je n'interviens !

Il entra dans la salle. Mais ses jambes tremblaient et le sang lui affluait au cœur.

— Allons ! Pas de faiblesse ! se dit-il en essayant de vaincre son émotion. Du courage ! de l'audace ! je la sauverai encore une fois !

Puis, l'œil étincelant et l'air résolu, il passa de nouveau à travers la foule et s'approcha de la tribune.

— Citoyen, dit-il à l'orateur, en le regardant en face, es-tu sûr de ce que tu avances?

— Moi ?... Moi ? balbutia l'homme du peuple, que l'air menaçant de son interlocuteur troubla profondément... Je n'ai que des soupçons... et, d'ailleurs, je n'habite pas le quartier où se trouve la maison suspecte.

— Eh bien! moi, je suis aux premières places pour surveiller les gens que tu accuses si légèrement. Je m'engage à pénétrer dans l'intérieur de la maison, et, dans deux jours, au plus tard, je dirai à tous les bons patriotes qui m'entourent s'il y a vraiment lieu de s'inquiéter.

— Vive Barbare! cria l'assemblée.

— Comptez sur moi, dit le jeune homme en remerciant du geste tous les auditeurs. Je me montrerai digne de votre confiance.

A ces mots, il se pencha vers le président de la Société populaire, qui lui tendait la main, et sortit du club au milieu des applaudissements. A peine arrivé dans la rue, il tira de son sein la petite croix de Marguerite et la baisa avec amour, en s'écriant par deux fois:

— Je la sauverai!... Je la sauverai!...

## III

### Le Proscrit.

Le lendemain, vers neuf heures du soir, un homme, enveloppé dans un long manteau, se promenait devant la façade intérieure de la maison qu'on avait signalée la veille à la défiance du club. A la manière dont cet homme marchait dans les allées du jardin, tantôt s'avançant d'un pas rapide, tantôt s'arrêtant et levant la tête pour contempler le ciel, il eût été facile de se former une opinion vraisemblable sur ses habitudes et sur son caractère. Cela ne pouvait être qu'un amant, qu'un fou, ou un poëte. Lorsqu'il regardait le ciel, son œil semblait se baigner avec délices dans cette mer étoilée.

La soirée était belle d'ailleurs et invitait à la rêverie. Les fleurs, avant de s'endormir, avaient laissé dans l'air de douces émanations. Un vent frais courait à travers les peupliers d'Italie qui sortaient, comme de grands fantômes, du milieu de la haie qui séparait le jardin des prairies voisines. Ces géants de verdure frissonnaient sous le souffle aérien et ressemblaient, avec leurs branches rapprochées du tronc, à un homme qui s'enveloppe dans les plis de son manteau pour se préserver de l'air malsain du soir.

Le promeneur s'arrêta au milieu d'une allée.

— Mon Dieu! dit-il en laissant tomber ses bras avec découragement, la nature ne semble-t-elle pas rire de nos passions? Quel calme! Pas un nuage! Des étoiles, des mondes en feu ; rien de changé au ciel, tandis que des hommes, nés pour s'aimer, s'égorgent comme des bêtes sauvages ! Moi-même, moi, ministre d'une religion de paix et d'amour, je dois me cacher, et ma tête est mise à prix ! Des milliers d'hommes sont proscrits ou persécutés, et Dieu ne parle pas ! Il ne commande pas aux éléments d'annoncer sa vengeance, pour nous prouver au moins qu'il ne voit pas sans colère le spectacle de tant d'iniquités. La maison garde encore quelques traces des hôtes qui ont vécu sous son toit ; et la terre ne s'inquiète pas de l'homme qui l'habite ! Et la nature ne prendrait pas le deuil, quand l'humanité souffre et pleure ! La Providence ne serait-elle qu'un mot ?

Le proscrit s'était remis machinalement en marche, et le hasard de la promenade l'avait conduit dans une petite allée qu'un mur, de peu d'élévation et qui tombait en ruine, séparait de la grand'route. Tout à coup le prêtre recula de plusieurs pas et poussa un cri de terreur.

Un homme, qui venait d'escalader le mur, tomba presque à ses pieds, au milieu de l'allée. Le visiteur nocturne ne fut guère moins effrayé que celui dont il avait interrompu si brusquement la rêverie.

— Rassurez-vous, citoyen, dit-il à voix basse au jeune prêtre, et gardez-vous bien de jeter l'alarme dans le voisinage. Je n'en veux ni à votre bourse, ni à votre vie.

— Vous avez pourtant, monsieur, une manière de vous présenter...

— Qui peut donner de moi la plus fâcheuse idée, reprit le voleur présumé en achevant la pensée de son interlocuteur. Les apparences sont contre moi, je le sais; et cependant je ne me suis introduit chez vous que dans l'intention de vous être utile.

— Je vous en suis reconnaissant! répliqua le proscrit avec une froide ironie.

— On m'avait chargé de vous espionner...

— Vous faites-là un joli métier, monsieur! interrompit le prêtre, en ramenant avec soin autour de lui les plis de son manteau.

— Croyez bien que c'est par patriotisme...

— Vous ne me l'auriez pas dit que je l'eusse deviné! interrompit encore le prêtre.

— Vous avez tort de me persifler, citoyen, répliqua l'homme du peuple avec un accent ferme et digne, qui parut impressionner son interlocuteur, car il l'écouta cette fois avec un religieux silence. Je vous rends un vrai service, et si la Société populaire eût confié à tout autre que moi la mission que je remplis en ce moment, vous n'auriez peut-être pas eu lieu de vous en réjouir.

— Mais, enfin, que veut-on? demanda le prêtre.

— On vous soupçonne d'avoir des relations avec Pitt.

— On nous fait trop d'honneur, dit le proscrit en souriant.

A ce moment la lune sortit d'un nuage et éclaira vivement le visage du prêtre. Barbare — le lecteur l'a déjà reconnu — ne put se défendre d'un étrange sentiment d'inquiétude.

— Ah! citoyen, dit-il d'une voix émue, vous êtes jeune!

— Oui, répondit le prêtre. Mais qu'y a-t-il là d'étonnant?

— C'est que, pour être persécuté à votre âge...

— La République s'est bien défiée des enfants! dit le proscrit avec mélancolie.

— Vous êtes donc obligé de vous cacher? demanda Barbare.

— Voilà mon interrogatoire qui commence! dit le prêtre avec amertume. Tenez, monsieur, si la République a besoin d'une nouvelle victime, je ferai volontiers le sacrifice de ma vie. Mais, au nom du ciel, sauvez les personnes qui habitent cette maison! Elles me sont chères, et c'est une prière que je vous fais du fond du cœur! Vous parliez de ma jeunesse? Eh bien! vous êtes aussi à cet âge généreux où le pardon est doux et le dévouement facile. Épargnez mes amis. Sauvez-les, et, s'il vous faut du sang enfin, prenez ma vie! Je me livre à vous!

Barbare devint horriblement pâle.

La jalousie s'empara de tout son être, et un frisson lui glaça le cœur.

— Vous aimez donc bien ce vieillard et cette jeune fille? dit-il d'une voix étranglée.

— De toute mon âme!

— Ah! fit l'homme du peuple en jetant un regard étincelant sur celui qu'il regardait déjà comme un rival, vous les aimez?

— Comme on aime son père et sa sœur.

— Pas autrement? demanda encore le patriote.

Le proscrit parut surpris de cette question; et, pour la première fois, il osa regarder en face l'homme du peuple qui ne put supporter, sans se troubler, ce coup d'œil pénétrant.

— Vous préparez votre réponse? dit Barbare,

qui s'impatientait de ce long silence et de ce pénible examen. Vous ne voulez pas m'avouer que vous êtes l'amant de cette jeune fille?

— Oh! fit le prêtre avec un vif sentiment d'indignation, je vous jure!...

— Que me fait votre serment? dit Barbare en haussant les épaules.

— C'est juste, reprit le proscrit. Rien ne vous force à ajouter foi à mes paroles. Il vous faudrait une preuve matérielle?

— Oui! dit Barbare avec explosion.

Il y eut, dans la manière dont il accentua ce simple mot, tant de haine, d'inquiétude et de jalousie, que sa figure même sembla s'éclairer du feu intérieur qui le consumait. Le prêtre put lire dans son cœur et juger de l'état de son âme, comme on voit un ciel d'orage à la lueur d'un éclair.

Le proscrit mesura aussitôt toute l'étendue du danger qui menaçait le marquis et sa fille. Mais il était déjà prêt au sacrifice.

— Écoutez! dit-il à l'homme du peuple. Je ne peux pas être l'amant de cette jeune fille... Il y a entre elle et moi un obstacle insurmontable.

— Lequel? demanda vivement Barbare.

— Les devoirs de mon ministère, répondit le proscrit.

En même temps il entr'ouvrit son manteau et laissa voir les plis de sa soutane.

— Un prêtre! s'écria Barbare avec joie.

— Vous le voyez! dit simplement le ministre de Dieu. Je vous ai fait le maître de ma vie. Doutez-vous encore de ma parole?

— Non, certes! dit Barbare.

Cependant il baissa la tête et ses traits s'assombrirent.

— Eh bien! demanda le proscrit, vous n'êtes pas encore convaincu?

— Aux termes de la Constitution, dit Barbare, les prêtres ont le droit de se marier.

— Pauvre insensé! dit le jeune prêtre en souriant avec tristesse, si j'avais reconnu l'autorité de cette loi, est-ce que je serais obligé de me cacher?

— C'est vrai! je suis fou! s'écria joyeusement Barbare. Vous êtes un noble cœur, citoyen! et personne, tant que je vivrai, n'osera troubler votre solitude et menacer votre vie. Permettez-moi de vous regarder comme un ami!

— Volontiers, dit le prêtre en serrant avec effusion la main que le jeune homme lui tendait.

Après cette étreinte cordiale, Barbare se disposa à escalader le mur.

— Ne vous exposez pas de nouveau, lui dit le prêtre avec bonté, et suivez-moi.

En même temps, il le conduisit vers le fond du jardin, et ouvrit une petite porte qui donnait sur la campagne.

## IV

### Une crise domestique.

Lorsque le patriote fut sorti, le proscrit ferma la porte à double tour et s'arrêta quelques instants comme un homme accablé sous le poids de pénibles pensées.

Puis il doubla le pas, traversa rapidement le jardin, entra dans la cour, monta l'escalier et frappa à la porte de M. de Louvigny.

— Entrez, dit une voix de jeune fille.

— Ah! pensa l'abbé avec douleur, mademoiselle Marguerite est avec son père.

Néanmoins il entra chez le marquis. M. de Louvigny tenait sa fille sur ses genoux. Tout en écoutant l'innocent bavardage de Marguerite, il jonglait avec les boucles soyeuses de ses cheveux, qu'il se plaisait à faire sauter dans sa main.

— Eh bien! cher abbé, dit le marquis avec son aimable sourire, est-ce qu'il faut tant de précautions pour entrer chez ses amis?

— Je vous croyais au travail et je craignais de vous déranger, répondit le jeune prêtre en faisant de grands efforts pour cacher son émotion.

— Il est neuf heures du soir, observa M. de Louvigny, et vous n'ignorez pas que c'est à partir de ce moment que je consens à perdre mon temps.

— C'est joli ce que vous dites-là, mon père! s'écria Marguerite en quittant les genoux du marquis.

— J'ai dit une sottise? demanda M. de Louvigny en remarquant la petite mine boudeuse que faisait Marguerite.

— Je vous en fais juge, monsieur l'abbé, dit Marguerite. Tenir sa fille dans ses bras, l'embrasser, l'écouter causer, est-ce là perdre son temps?

— Expliquons-nous, Marguerite, reprit le marquis.

— Non. Je ne veux rien entendre, je ne veux pas être complice de votre paresse!

— Allons, viens ici.

— Non! je vous laisse travailler.

— Je t'en prie! dit M. de Louvigny d'une voix caressante.

— Ne me tentez pas! reprit la jeune fille, qui ne demandait qu'à répondre aux instances paternelles.

— Je te tiens cette fois! s'écria joyeusement le vieillard en saisissant la jeune fille par le bas de sa robe. Viens m'embrasser.

— Vous n'obtiendrez rien par la violence, dit Marguerite en détournant la tête.

— Je te rends la liberté, répliqua le marquis en lâchant le bas de la robe et en ouvrant les bras.

— Et voilà l'usage que j'en fais, dit Marguerite en sautant au cou de son père. Je tiens ma vengeance, et je vais vous faire perdre toute votre soirée!

Le prêtre avait contemplé cette scène avec tristesse. Il pleurait sur cette joie qu'il savait devoir se changer en deuil, sur cette étroite communion de deux âmes qu'on allait séparer.

— Eh bien! l'abbé, vous ne parlez pas? dit

M. de Louvigny. Approchez donc. Vous avez l'air de nous bouder !

L'abbé s'avança vers le marquis et serra avec émotion la main qu'il lui présentait.

— Vous n'êtes pas déplacé dans cette chambre, ajouta le marquis. Celui qui a assisté mon fils à ses derniers moments est, à mes yeux, comme son remplaçant dans la famille. Si j'avais encore ma fortune et mes dignités, vous seriez de toutes nos fêtes. Il ne me reste plus que ma fille. Elle est tout mon trésor, tous mes honneurs, toute ma joie ! Partagez la seule richesse qu'on m'ait laissée, en vous mêlant à nos entretiens et en voyant comme nous nous aimons !... Quoi ! vous pleurez ?

— Pour cela non, monsieur le marquis, répondit le jeune homme.

— Ne vous en défendez pas, poursuivit M. de Louvigny. Ce que je vous dis là n'est pas gai d'ailleurs.

— Ce n'est pas là ce qui fait pleurer monsieur l'abbé, interrompit Marguerite, qui depuis un instant observait les efforts que faisait le prêtre pour retenir ses sanglots. Monsieur l'abbé nous cache quelque malheur !...

— Mademoiselle Marguerite se trompe ! dit

le prêtre en se troublant de plus en plus.

— Ma fille a raison, au contraire, répliqua le marquis en faisant lever Marguerite.

Il se leva à son tour et saisit vivement la main de l'abbé.

— Votre émotion m'effraie, lui dit-il à voix basse.

— Je vous assure, dit le prêtre en se défendant....

— Votre main est glacée ! continua le vieillard en se penchant à l'oreille de l'abbé.... Je comprends ! vous n'osez pas parler devant ma fille.

Marguerite n'avait rien perdu de cette pantomime inquiétante. Lorsque son père se retourna de son côté, ce ne fut pas sans un vif étonnement qu'elle aperçut le gai sourire qui s'épanouissait sur les lèvres du vieillard.

— L'abbé est un poltron, ma chère Marguerite, dit M. de Louvigny. Rassure-toi. Ce n'est rien.... Quelques affaires d'intérêts... une nouvelle pauvreté qui vient se greffer sur l'ancienne ! Nous allons avoir quelques comptes à régler... Tu serais bien aimable d'aller demander à Dominique le registre où il note ses dépenses.

— J'y vais, mon père, dit Marguerite.

Avant de sortir, elle se retourna vers le marquis, mit un doigt sur sa bouche et fit un signe de tête que le vieillard n'eut pas de peine à traduire ainsi :

— J'obéis, mais je n'ignore pas qu'on me trompe !

Le marquis ferma lui-même la porte de la chambre. Lorsqu'il se trouva seul en face de l'abbé, tout son calme sembla l'abandonner.

— Parlez maintenant ! dit-il d'une voix émue. Qu'y a-t-il ?

— On s'est introduit ce soir dans le jardin.

— Un maraudeur ?

— Un espion envoyé par le Club.

— Nous sommes donc découverts ?

— Pas encore. Mais on croit que nous sommes des agents de Pitt.

— Si ce n'est que cela, dit le marquis en souriant, rassurez-vous, cher abbé ; nous en serons quittes pour la peur. Je me charge de rassurer ces messieurs de la Société populaire.

— C'est toujours un danger de paraître devant eux.

— Sans doute. Toutefois, personne ne nous connaît ici. Nous n'avons rien à craindre.

— Pardon.

— Qui donc?

— L'homme du peuple que le Club a envoyé, ce soir, en éclaireur.

— Il nous en veut donc beaucoup?

— Au contraire.

— Il est bien disposé pour nous?

— Trop bien.

— Ma foi! dit le marquis en badinant, voilà le premier républicain qui nous ait montré de la bienveillance!

— Et ce sera peut-être celui qui vous aura fait le plus de mal! dit l'abbé d'un air sombre.

Le marquis devint sérieux.

— Expliquez-vous, dit-il avec gravité. Il y a dans vos propos une incohérence qui ne peut se concevoir. Si cet homme n'a pas de motif de haine contre moi, pourquoi songerait-il à me nuire?

— Il vous nuira sans le savoir, répondit l'abbé. Car il faut tout craindre des amoureux; et cet homme aime mademoiselle Marguerite.

— Ma fille! s'écria le marquis avec une expression de surprise et de colère, que le pinceau serait seul capable de rendre et de fixer.

— Oui, reprit l'abbé, cet homme aime sérieusement votre fille.

— Mais, dit le marquis, Marguerite ne sort jamais; elle ne se montre jamais aux fenêtres. Comment cet homme a-t-il pu la voir?

— Je ne sais. Mais je vous affirme que je ne vous dis que l'exacte vérité.

— Il vous a donc ouvert son cœur?

— A peu près. Je peux même vous assurer qu'il est jaloux.

— Alors il faut fuir! dit le marquis avec éclat. Il faut passer en Angleterre.

Puis, se promenant avec agitation dans la chambre :

— Moi, dit-il, qui me croyais si bien en sûreté dans cette petite ville!

A cet instant la porte s'ouvrit. Marguerite entra avec le vieux domestique, qui tenait sous son bras le grand livre de dépense.

— Mes amis, dit le marquis aux nouveaux venus, nous allons partir cette nuit même. Que chacun prépare ses malles. Demain nous faisons voile pour l'Angleterre.

— Ah! fit Marguerite en sautant au cou de son père, je savais bien que vous me cachiez la vérité. Un danger vous menace?

— Il faut bien te l'avouer, répondit M. de Louvigny : nous sommes dénoncés.

Et, s'adressant au vieux domestique qui paraissait attéré :

— Voyons ! Dominique, ajouta-t-il, il doit te rester encore quelque argent ?

— Hélas ! dit le vieux serviteur, nous avons tout dépensé le jour de la fête de mademoiselle. Monsieur le marquis peut vérifier les comptes. Voici le registre.

— C'est inutile, répondit M. de Louvigny en repoussant le livre que lui présentait le domestique. Je m'en rapporte bien à toi. C'est un espoir de moins... Voilà tout !

Sans une parole de reproches, sans un geste d'impatience, sans un mouvement de dépit, le marquis s'approcha avec calme de son secrétaire, dont il ouvrit les tiroirs les uns après les autres.

L'abbé, Marguerite et le domestique l'observaient en silence.

Le marquis fouillait scrupuleusement dans tous les coins de chaque tiroir et comptait son argent au fur et à mesure. Lorsqu'il fut au bout de son travail, il laissa tomber sa tête dans ses mains et demeura immobile. Marguerite courut auprès de lui et écarta doucement ses mains, qu'il tenait serrées contre son visage.

— Quoi! dit-elle avec un cri douloureux, vous pleurez, mon père?

Le marquis ne répondit rien. Il compta de nouveau son argent, le réunit en pile, et, le montrant à l'abbé et au vieux domestique :

— Mes amis, dit-il d'une voix émue, voici toute notre fortune... Quarante écus!

— C'est assez pour vous sauver! lui dit Marguerite en l'enlaçant dans ses bras.

— Et toi, mon enfant? dit le vieillard en fondant en larmes.

— Moi? fit Marguerite. Je ne peux pas porter ombrage à la République. Je resterai avec le bon Dominique.

— Non! c'est à toi de partir, reprit le marquis. Nous sommes habitués au danger, nous autres hommes.

Et se tournant, les mains jointes, vers les deux témoins de cette scène :

— N'est-ce pas, l'abbé? dit-il; n'est-ce pas, Dominique?

— Oui, nous resterons avec vous, répondirent le jeune prêtre et Dominique.

— Et moi aussi! dit Marguerite avec fermeté; car je ne me séparerai jamais de mon père.

A ces mots, la noble fille se jeta dans les bras du marquis, et il se fit dans la chambre un si grand silence qu'on n'entendait guère que le bruit des sanglots que chacun cherchait à étouffer.

Tout à coup le vieux Dominique sortit de son immobilité. Il s'essuya les yeux du revers de la main et s'approcha respectueusement du fauteuil du marquis. Son front avait quelque chose d'inspiré, et sa physionomie vulgaire avait le rayonnement qu'on admire dans une tête de génie.

Chacun, en effet, peut avoir ici-bas ses jours de triomphe. Quelquefois les esprits les moins délicats trouvent l'occasion de s'élever, sur les ailes du dévouement, jusqu'à ces hauteurs sublimes où planent les intelligences supérieures. S'il y a une couronne sur le front des poëtes, il y a une auréole sur celui des hommes simples, dont le sacrifice est sans éclat et la mort sans gloire.

— Monsieur le marquis?... dit timidement le vieux domestique.

— Que me veux-tu, mon bon Dominique?

— Monsieur le marquis me permettra-t-il de le sauver?

— Toi?... Nous sauver?... Et comment? s'écria M. de Louvigny, qui pensa un instant que son domestique n'avait plus sa raison.

— Ne m'interrogez pas, monsieur le marquis! répondit Dominique. Donnez-moi liberté pleine et entière, et je vous sauverai peut-être!

— Tu ne courras aucun danger? se hâta de demander M. de Louvigny.

— Ne m'interrogez pas! dit encore le vieillard, mais à voix basse et de manière à n'être entendu que de son maître.

— Je comprends! répondit le marquis. Je serais seul, que je ne t'accorderais pas l'autorisation que tu me demandes; car tu vas peut-être exposer ta vie.

— Ainsi, dit Dominique avec joie, vous me permettez?...

— Oui! reprit le marquis en serrant la main de son domestique avec énergie. Va! que Dieu t'accompagne! et, si je ne puis te récompenser, le ciel est là!

— Oh! merci, monsieur le marquis, dit le vieux domestique en baisant la main de son maître; merci!

Il se dirigea vers la porte de la chambre.

— Je sauverai donc mademoiselle Marguerite ! se disait-il en tournant la clef dans la serrure.

Et il sortit précipitamment, pour ne pas laisser voir les larmes qui tombaient de ses yeux.

## V

### Désespoir de Dominique.

Le vieux Dominique était allé s'enfermer dans sa mansarde, où il attendait impatiemment le retour du soleil. Il était en proie à une agitation cruelle.

Enfin, le jour parut. Dominique sauta à bas du lit et traversa les corridors avec précaution, afin de ne réveiller personne. Quand il se trouva dans le chemin, il hâta le pas pour gagner le centre de la ville.

Huit heures sonnaient au beffroi de la cathédrale, lorsqu'il arriva sur la place de l'Hôtel-de-Ville. Il s'approcha d'un mur où l'on placardait les affiches, et toute son attention parut se concentrer sur elles.

— C'est bon ! dit-il en se frottant les mains ;

l'affiche y est encore! c'est que personne ne s'est présenté... J'arrive à temps!

Il entra dans l'Hôtel-de-Ville et se dirigea vers la salle des délibérations des membres du District. Comme la porte en était fermée, il descendit chez le concierge, où il apprit que la séance ne serait ouverte qu'à onze heures du matin. Il lui fallut donc, bon gré mal gré, mettre un frein à son impatience, et il s'assit dans l'embrasure d'une fenêtre en attendant l'arrivée des patriotes qui avaient la direction des affaires de la cité.

A cette époque de lutte, il n'était pas rare que la salle des délibérations fût envahie par les frères de la Société populaire, qui venaient y proposer des motions et prononcer des harangues. Souvent la foule se glissait à leur suite. C'est ainsi que le domestique réussit à s'introduire dans le lieu où se discutaient les intérêts de la ville.

Lorsque le citoyen président et les membres du District se furent assis devant une table en demi-cercle, Dominique pensa qu'il était temps d'agir. Il se fit une trouée à travers les assistants. Jusque-là, sa fermeté ne l'avait pas abandonné. Mais quand il se trouva dans l'espace qui restait vide entre l'auditoire et le conseil, il perdit toute assurance. Il eût mieux aimé affronter le feu d'un peloton que ces milliers de regards, dont l'éclat lui causait une sorte de vertige.

— Que veut cet homme? demanda le citoyen président à l'huissier.

— Parle, dit l'huissier en s'approchant du vieillard.

— Monsieur le président, balbutia Dominique sans oser lever les yeux...

Un rire moqueur courut dans les rangs de la foule. L'huissier se sentit pris de pitié pour ce pauvre homme qui frissonnait et lui souffla tout bas à l'oreille :

— Dis donc : Citoyen président!

— Citoyen président, reprit Dominique en acceptant la correction qu'on lui indiquait, j'a une proposition à vous faire.

— A te faire, imbécile! souffla encore l'huissier.

Mais déjà toute la salle riait aux éclats. Le vieux domestique était horriblement pâle, et de grosses gouttes de sueur roulaient sur ses tempes.

— Laisse-moi l'interroger, dit le président à l'huissier.

Et, s'adressant directement au vieillard :

— Voyons! que demandes-tu, mon brave homme?

— Je demande à gagner la récompense, répondit Dominique.

— La récompense? fit le président avec surprise.

— Oui! reprit le vieux domestique : la récompense que la municipalité promet à celui qui enlèvera les croix de la cathédrale.

— Tu aurais la prétention de monter aux tours du temple de la Raison? dit le président en riant.

— Oui, répondit simplement Dominique.

A la vue de ce petit vieillard, maigre, efflanqué, qu'un souffle aurait jeté à terre, et qui voulait tenter une ascension devant laquelle les plus audacieux avaient reculé, les assistants ne gardèrent plus de mesure dans leur hilarité, et ce furent des cris et des huées à couvrir la voix même du tonnerre.

Sur un signe du président, l'huissier s'approcha de Dominique et l'invita à sortir. Mais le vieillard opposa une vive résistance.

— Tu persistes encore dans ton projet? lui demanda le président.

— Oui! répondit Dominique avec assurance.

— Tu es bien maître de ta raison?

— Oui.

— Mais, reprit l'officier de l'état civil, as-tu réfléchi sérieusement à cette entreprise? Tu peux te tuer?

— Je le sais! répondit le vieillard avec un admirable sang-froid.

Sa voix était ferme, son front rayonnait, son œil était étincelant.

Personne ne songea plus à rire. Le vieux domestique avait tiré ce mot-là du fond de son cœur; et la foule n'est jamais insensible à la véritable éloquence. Cependant si Dominique avait captivé l'attention du président et des membres du District, la position nouvelle qu'il venait de se faire n'était pas sans danger. On voulut savoir le motif de sa détermination, et son interrogatoire commença. A toutes les questions qui lui furent posées, il ne sut répondre que ces seuls mots :

— Je veux sauver mon maître!

Le président s'impatienta.

— Tonnerre! s'écria-t-il en frappant du poing

sur la table, la République ne connaît pas de maîtres! Cet homme est fou... Qu'on le fasse sortir.

Aussitôt deux huissiers s'approchèrent du vieillard. Ils le prirent chacun par un bras, et, malgré ses cris, malgré sa résistance, ils le poussèrent à la porte au milieu des vociférations et des huées de la foule.

— Je suis fou!... Ils ont dit que je suis fou! répétait le domestique en descendant les marches du grand escalier de l'Hôtel-de-Ville.

Il traversa la place presque en courant, et se jeta au hasard dans la première rue qui se trouva devant lui. En ce moment, le pauvre homme semblait donner raison à ceux qui l'avaient jugé si défavorablement. Il allait en trébuchant le long des maisons, comme un homme ivre, et s'arrêtait de temps à autre pour s'écrier, en battant l'air de ses bras :

— Plus d'espoir! Mes maîtres sont perdus!... Que faire? Comment me représenter devant **eux?**

Alors il se mit à courir.

Il se trouva tout à coup dans la campagne; et ce fut alors qu'il songea à regarder autour de lui. L'habitude a sur nos actions une telle puissance que, sans préméditation aucune et comme par instinct, il était arrivé sur la route qui conduisait à la maison du marquis. Des massifs d'arbres verts la lui cachaient en partie, mais il en apercevait encore le toit, dont les ardoises brillaient comme un miroir au soleil. Une légère fumée montait en serpentant au-dessus de la cheminée, comme pour lui rappeler qu'il était temps de rentrer, afin de couvrir le feu et de ménager le bois *de ses maîtres.*

Le vieillard laissa tomber sa tête dans ses mains, et, pour la première fois depuis sa sortie de l'Hôtel-de-Ville, il pleura amèrement.

— Non! dit-il en s'armant d'une résolution soudaine, non! je ne rentrerai pas dans cette maison, d'où je suis sorti avec des paroles d'espérance et où je ne rapporterais que des nouvelles de mort!

Et se frappant le front, comme pour y réveiller la mémoire :

— Monsieur le marquis n'a-t-il pas dit qu'il lui restait encore quarante écus?... Oui! je me le rappelle maintenant... Eh bien! avec cela ils peuvent se sauver tous les trois... et qui sait ce que prépare l'avenir? Si je retournais à la maison, M. le marquis voudrait me garder auprès de lui... Il ne faut pas de bouche inutile... Je ne rentrerai pas !

A ces mots, l'héroïque serviteur s'enfonça dans un petit chemin ombragé qui conduisait aux prairies voisines. A mesure qu'il avançait, il entendait plus distinctement le bruit de la rivière qui tombait avec fracas du haut d'un déversoir. Au bout de quelques minutes, il arriva au bord de l'eau.

Le courant était rapide et charriait des flots d'écume.

Le vieillard suivit le bord de la rivière et s'éloigna de cette scène tumultueuse, comme s'il eût voulu chercher des eaux plus calmes. Lorsqu'il se crut à une assez grande distance de la ville, il s'arrêta dans un site sauvage et s'agenouilla près d'un saule, au pied duquel la rivière s'était creusé un bassin paisible et profond. Il pria longtemps avec ferveur, se redressa lentement, et, levant les yeux au ciel :

— Mon Dieu, dit-il, pardonnez-moi !

Il s'élança.

Au même instant, deux bras vigoureux l'enveloppèrent comme dans un cercle de fer.

Le vieillard poussa un cri et tomba sans connaissance sur le gazon. Lorsqu'il revint à lui, il aperçut, à genoux à ses côtés, un jeune homme qui lui jetait de l'eau sur le visage.

— Ah! monsieur, s'écria Dominique avec douleur, pourquoi m'avez-vous arrêté? Je n'aurai peut-être pas une seconde fois le courage d'en finir avec la vie!

— Il ne faut plus songer à mourir, dit le jeune homme en aidant au vieux domestique à se relever.

— Mais je suis abandonné de tout le monde! s'écria Dominique d'un air désespéré.

— Vous voyez bien qu'il vous reste encore des amis, puisque je vous ai empêché de vous noyer.

— Je ne vous connais pas! fit naïvement Dominique.

— Pardon. Si vous avez oublié mes traits, vous reconnaîtrez du moins cet objet.

Le jeune homme mit une petite croix sous les yeux du domestique.

— La croix de Marguerite! s'écria le vieillard avec joie.

— Oui, la croix de votre fille que vous alliez follement laisser sans protecteur.

— Ma fille? répéta Dominique comme s'il sortait d'un rêve... Ah! je me rappelle tout maintenant... C'est vous qui nous avez protégés contre la fureur du peuple? vous qui nous avez prudemment conseillé de prendre la fuite?

— C'est cela même, répondit Barbare.

— Soyez béni, monsieur! s'écria le domestique avec une profonde émotion.

Puis il ajouta tristement :

— Vous m'avez sauvé deux fois la vie. Je voudrais pouvoir vous récompenser comme vous le méritez; mais, hélas! je suis sans ressources.

— Les dettes du cœur se payent avec le cœur, dit Barbare avec fierté.

— Vous nous aimez donc bien? demanda Dominique.

— Moi! s'écria le jeune homme avec enthousiasme... Je n'ai vu mademoiselle Marguerite qu'une seule fois, et, ce jour-là, j'ai risqué ma vie pour elle... Eh bien! si le plaisir de la revoir devait m'exposer au même péril, je n'hésiterais pas à braver de nouveau la mort.

— Oh! pensa Dominique, le jeune homme est amoureux de ma petite maîtresse!

Enchanté de sa pénétration, le bon domestique résolut d'employer le dévouement de Barbare au service de ses maîtres. Pour y arriver, il lui sembla prudent de l'entretenir dans son erreur et de se faire passer à ses yeux pour le père de Marguerite.

— Ma fille et moi nous sommes réduits à la plus profonde misère, dit-il en baissant la tête.

— Je l'avais déjà deviné, reprit Barbare. J'assistais à la séance du conseil et j'ai tout compris : votre détresse et votre admirable dévouement... Allez embrasser et rassurer votre fille. Dans quelques jours je vous porterai l'argent dont vous avez besoin.

— Est-ce que vraiment vous pourriez nous prêter ?...

— Que la foudre me frappe ! interrompit Barbare, si, dans quatre jours, je ne vous apporte pas cinq cents livres.

Dominique s'attendait si peu à une telle réussite qu'il ne trouva pas une seule parole de remerciement à adresser au jeune homme. Il se mit à pleurer comme un enfant.

— Je ne sais quoi vous dire, s'écria-t-il... mais laissez-moi vous embrasser !

Et il sauta au cou du jeune homme.

Quelques instants après, Dominique reprenait, en s'appuyant sur le bras de son sauveur, le chemin qu'il avait suivi pour courir à la mort ; et ses idées alors étaient gaies comme les fauvettes qui sautaient en chantant dans les branches.

Lorsqu'on fut arrivé sur la grande route, Barbare prit congé du vieux domestique.

— Dans quatre jours, dit-il, trouvez-vous à huit heures du soir à la porte de votre jardin, et je vous remettrai la somme que je vous ai promise.

— Oui, répondit Dominique. Que Dieu vous bénisse, comme je vous bénis moi-même!

A ces mots, ils se séparèrent.

## VI

#### Le Pont de cordes.

Lorsque Barbare eut perdu de vue l'homme auquel il avait sauvé deux fois la vie, il se mit à courir à toutes jambes. Il traversa rapidement une partie de la ville, et, comme le courrier qui vint annoncer aux Athéniens la victoire de Marathon, il entra, tout pâle et tout couvert de sueur, dans la salle des délibérations du conseil.

On allait lever la séance.

Mais, à l'arrivée de Barbare, la foule se rangea

respectueusement devant lui, et le jeune homme put se présenter assez à temps pour qu'on lui donnât audience.

— Citoyens, dit-il, en s'adressant aux conseillers, voilà trois jours que vous avez promis une récompense à celui qui enlèverait les croix qui dominent les tours du temple de la Raison, et personne, si ce n'est un vieillard infirme, personne n'a répondu à votre appel! C'est une honte pour votre ville, et je demande pour moi le périlleux honneur d'arracher ces emblèmes de réprobation.

Les applaudissements éclatèrent de tous les points de la salle, et la proposition de Barbare fut accueillie avec enthousiasme.

Le jeune homme fit alors ses conditions. Il fut convenu que la ville lui fournirait tous les instruments nécessaires pour mener à bonne fin son entreprise, et qu'on lui donnerait cinq cents livres pour chaque expédition.

L'enlèvement de la croix, qui couronnait la tour centrale de l'église, ne présentait pas de grandes difficultés; Barbare l'accomplit dès le lendemain sans encombre. Il n'en était pas de même des deux tours qui se dressaient, en pyramides gigantesques, des deux côtés du portail principal de la cathédrale. L'une d'elles était alors inaccessible, et celle qui regarde le Nord était à peine suffisamment garnie de crampons de fer pour en permettre impunément l'escalade. Mais Barbare était doué d'une agilité merveilleuse et d'un sang-froid à toute épreuve. D'ailleurs son amour lui faisait voir au-delà du danger. Il porta des planches, une à une, jusqu'au sommet de la tour septentrionale et les attacha solidement entre elles au pied de la croix. Ce travail vertigineux lui demanda deux jours, et l'on devine aisément avec quelle avidité la foule suivait, d'en bas, les moindres mouvements de cet étrange aéronaute.

Le lendemain, de grand matin, la nouvelle se répandit dans la ville que Barbare allait opérer son ascension définitive. Quoique la fureur des paris ne fût pas encore importée d'Angleterre, grand nombre de gens avaient engagé de gros enjeux pour ou contre le succès de cette audacieuse entreprise. Les uns avaient pleine confiance dans la souplesse étonnante dont Barbare avait déjà fait preuve; les autres calculaient toutes les chances qu'ils avaient de le voir tomber du haut des tours.

Tandis que ces honnêtes industriels posaient

mentalement leurs chiffres et faisaient leur charitable problème, des rues voisines, la foule se répandait à flots tumultueux sur la place où se dresse le portail de la cathédrale. On ne savait pas au juste à quelle heure la représentation devait commencer. Mais l'important était de ne pas manquer de place; et chacun s'était muni de tout ce qu'il faut pour tromper les ennuis de l'attente ou satisfaire l'aiguillon de la faim.

Tout à coup une grande rumeur se fit dans la multitude. Toutes les têtes se dressèrent, et chacun se haussa sur la pointe des pieds pour voir le héros de la fête. Mais la curiosité publique fut trompée. Au lieu de l'audacieux gymnaste qu'on attendait, on n'aperçut qu'un petit vieillard qui se débattait entre deux soldats.

— Je veux lui parler! disait-il avec des larmes dans les yeux. Au nom du ciel, laissez-moi lui parler!

— Il n'est plus temps! répondit l'un des soldats.

— Lâchez-moi! disait le vieillard en essayant de prendre la fuite. Il me reconnaîtra bien moi... il ne refusera pas de me voir!

Malgré ses prières, les deux soldats l'entraînèrent, le conduisirent contre une des maisons de la place et l'y gardèrent à vue.

— C'est horrible cela! s'écriait le vieillard en pleurant de rage... Il va se tuer!... Je ne permettrai pas qu'il monte aux tours!

Il y eut des murmures dans les groupes voisins.

— Le pauvre homme! disait-on.
— Le connaissez-vous?
— Non.
— C'est le père, sans doute.
— Je le plains de tout mon cœur!
— Songez donc... si son fils allait se tuer!
— Cela fait frémir, rien que d'y penser!
— Je voudrais bien n'être pas venu!
— Ah! tenez!... tenez!
— Le voilà!... le voilà!

Une immense clameur fit résonner les fenêtres des maisons et les vitraux du portail. La foule respira bruyamment, comme un monstre gigantesque. Puis un silence de mort plana au-dessus de toutes les têtes, et l'on n'entendit plus que les sanglots et les hoquets du petit vieillard.

Barbare venait de paraître.

Il était sorti en rampant de la trappe qui s'ouvrait, à une hauteur de cent pieds environ, dans la tour septentrionale. Des cordes de toute dimension s'enroulaient autour de son cou, comme les anneaux d'un serpent. Il saisit un crampon de fer à la base de la pyramide, et, sûr de son point d'appui, il se décida à sortir tout entier de la trappe. Alors il monta légèrement d'un crampon à l'autre, sans plus d'effort apparent que s'il eût posé les pieds sur une échelle ordinaire. Dix minutes après, il était installé sur son échafaudage, au pied de la croix, et chantait un refrain de la *Marseillaise*.

Des applaudissements partirent d'en bas, et la foule reprit en chœur l'hymne patriotique.

— Allons! se dit Barbare en sentant trembler les planches sous ses pieds, il est temps de se hâter. Voilà le vent qui fraîchit. Dans une heure peut-être, la place ne sera plus tenable.

Il déroula les cordes qu'il avait apportées et attacha, à chacune de leurs extrémités, une grosse balle de plomb.

Le peuple suivait ses moindres mouvements avec anxiété. Comme la manœuvre de Barbare durait longtemps, et que d'ailleurs il leur était impossible d'en juger les progrès, ni même d'en deviner l'utilité, les spectateurs s'impatientèrent.

— Il hésite! disaient les uns.
— Il a peur! ajoutaient les autres.

Les murmures grandirent, s'élevèrent et montèrent jusqu'à l'audacieux gymnaste.

— Ah! dit Barbare, en regardant avec un sourire toutes ces têtes qui brillaient en bas comme des têtes d'épingles sur une pelote, il paraît que je me fais attendre!

Cependant son travail touchait à sa fin. D'une main il retint l'extrémité d'une des cordes; de l'autre, il saisit une des balles de plomb qu'il lança devant lui avec une adresse si merveilleuse qu'elle fit plusieurs fois le tour de la croix, qui couronnait la pyramide méridionale. Barbare roidit la corde, pour s'assurer qu'elle était solidement enroulée au sommet de la tour qu'il avait en face de lui.

Les dix mille spectateurs qu'il avait sous les pieds retenaient leur respiration. Personne ne songeait à murmurer.

— Ils se taisent maintenant! se dit Barbare... Ils ont donc compris!

Alors il lança une nouvelle balle de plomb. Quand il en eut envoyé ainsi une trentaine, il tressa les cordes et les attacha fortement au bas de la croix qui soutenait son échafaudage.

Avant de s'engager sur son pont aérien, il jeta un regard plein de mélancolie sur les riches campagnes qui s'étendaient à perte de vue autour de lui, et des larmes s'échappèrent de ses yeux ; car la nature ne se montre jamais avec plus d'attraits que lorsqu'on est exposé à mourir.

Cependant le jeune homme chassa bien vite ces tristes pensées. D'ailleurs, la foule murmurait de nouveau.

Barbare leva les yeux au ciel. Après avoir contemplé cette voûte d'azur qui s'arrondissait à l'infini au-dessus et autour de lui :

— Ma mère, dit-il, respectait ce signe que je vais arracher... Mais ne sert-il pas de ralliement aux ennemis de la Révolution?

Tout en parlant de la sorte, il tira de son sein la petite croix de Marguerite. Il la tint longtemps, avec amour, sur ses lèvres ; puis il la remit religieusement sur son cœur.

Quelques minutes après, Barbare était suspendu par les mains, à deux cents pieds au-dessus du sol.

Un cri d'effroi s'échappa de toutes les poitrines. Les femmes se couvrirent les yeux.

Barbare avançait toujours, en s'aidant des pieds et des mains. Il était déjà arrivé au milieu de sa course, lorsqu'il sentit la corde fléchir in-

4.

sensiblement sous son poids. Il lui sembla même que la tour méridionale se penchait et s'avançait rapidement sur lui ; et ce n'était pas l'effet de la peur, car le sommet de la pyramide s'écroulait !

Barbare aperçut les pierres qui se détachaient. Il les entendit se heurter, en roulant le long de la tour. Il se raidit, serra convulsivement la corde et s'écria par deux fois, en se sentant lancé dans le vide :

— Marguerite ! Marguerite !

Tous les spectateurs avaient instinctivement détourné la tête ou fermé les yeux.

Lorsque les plus intrépides, ou les plus curieux, osèrent regarder, un cri de surprise et d'admiration sortit de toutes les bouches.

Barbare, toujours cramponné à sa corde, se balançait dans l'air, comme la boule d'un pendule immense. Doué d'une énergie merveilleuse et d'un sang-froid sans borne, le jeune homme avait eu la présence d'esprit de tourner les pieds dans la direction de la tour septentrionale, contre laquelle, sans cette précaution, il eût été infailliblement écrasé. Le premier choc fut terrible, et Barbare fut renvoyé violemment en arrière. Mais, peu à peu, les oscillations de la corde s'apaisèrent, et elle s'arrêta contre les parois de la pyramide (1).

Barbare était encore suspendu par les mains. Il demeura ainsi quelque temps pour reprendre haleine; puis on le vit remonter le long de la corde, gagner son échafaudage et s'y reposer un instant. Il se releva, et, saluant les spectateurs de la main :

— Barbare n'est pas mort! s'écria-t-il. Vive la République!

Alors il redescendit à l'aide des crampons de fer et disparut par la trappe, d'où il était sorti deux heures auparavant.

La foule avait suivi avec trop d'intérêt toutes les péripéties de ce drame pour s'occuper du petit vieillard, dont l'arrestation avait été en quelque sorte le prologue du spectacle. Mais, lorsque le danger fut passé, les groupes les plus rapprochés commencèrent à reporter sur lui toute leur attention.

— Il ne bouge pas plus qu'une statue!
— On croirait même qu'il est mort!

(1) Tous les détails de l'ascension de Barbare sont historiques. Je les tiens de la bouche même d'un contemporain, qui fut témoin de cette héroïque imprudence.

*(Note de l'auteur.)*

— Le pauvre homme !

— Si c'est le père, ça se comprend !

On s'approcha du vieillard, et les deux soldats, qui avaient eu le temps de l'oublier pendant l'expédition de Barbare, songèrent à le conduire en lieu sûr.

— Allons ! réveillez-vous, bonhomme, lui dirent-ils. Il faut nous suivre.

Mais le prisonnier ne donnait pas signe de vie.

Un des assistants s'approcha de lui et lui cria à l'oreille :

— Consolez-vous, brave homme. Votre fils est sauvé !

— Il est sauvé ! s'écria le vieillard, en sortant de sa stupeur.

Il se releva en répétant plusieurs fois ce mot qui l'avait ranimé, et il demanda à être conduit près de Barbare. Les soldats lui répondirent par un refus et voulurent l'entraîner au poste voisin. Mais la foule prit fait et cause pour lui. Elle repoussa ses deux gardes et lui fit une escorte jusqu'à l'entrée de l'église.

Au même instant, Barbare essayait, en s'échappant par une des portes latérales, de se dérober aux acclamations de la multitude. Mais il fut reconnu, et son nom retentit de tous côtés, au milieu des applaudissements.

Le vieillard l'aperçut et s'avança à sa rencontre.

A la vue de Dominique, le jeune homme poussa un cri de surprise et fendit les flots serrés des spectateurs, pour se rapprocher de celui qu'il regardait comme le père de Marguerite.

— C'est le ciel qui vous envoie! dit-il au vieillard en se jetant dans ses bras.

Les deux hommes s'embrassèrent avec effusion.

— C'est son père! s'écrièrent plusieurs assistants.

A ces mots, la foule se recula discrètement, attendant, pour le porter en triomphe, que son héros eût d'abord obéi aux élans naturels de son cœur.

— Quoi! demanda Barbare, lorsqu'il eut retrouvé la parole, vous avez tout vu?

— Tout! répondit Dominique d'une voix tremblante, et j'en frémis encore!... S'il vous était arrivé malheur, je ne m'en serais jamais consolé .. car je venais vous prier de ne pas risquer votre vie, et je ne me suis pas assez hâté...

— Est-ce que?...

— Ne me questionnez pas! dit le vieux domestique. Puisque vous avez échappé au danger, ma conscience est en repos. Ne me demandez rien de plus... Il faut que je vous quitte. Prenez cette lettre, et jurez-moi de ne l'ouvrir que dans deux heures.

— Je le jure! dit Barbare en saisissant le billet... Mais, je ne vous le cacherai pas, ce que vous faites-là me trouble profondément. Je suis plus ému qu'au moment où je me suis senti rouler dans le vide!... Ne me cachez-vous point quelque malheur?

— Ne me questionnez pas, répéta Dominique en détournant la tête, et laissez-moi partir.

Il serra une dernière fois la main du jeune homme, et il se perdit dans la foule sans oser regarder derrière lui.

— Sa main était couverte d'une sueur froide! se dit Barbare en le suivant des yeux. Mon Dieu! que s'est-il donc passé?

Cependant la foule ne le laissa pas longtemps aux prises avec cette cruelle incertitude. Le triomphe était prêt!

Lorsque Barbare put échapper à ses admirateurs, il se hâta de sortir de la ville et se dirigea, en attendant que le délai fatal fût expiré, vers la maison isolée qui renfermait toutes ses espérances. Tout à coup il s'arrêta au milieu de la route. Quatre heures venaient de sonner au beffroi du temple de la Raison. C'était le signal!

Barbare brisa fiévreusement le cachet de la lettre.

Et il lut ce qui suit :

« Monsieur,

» Mon bon Dominique, un serviteur dans le-
» quel j'ai la plus grande confiance, m'a dit ce
» que vous vouliez faire pour nous. Je ne trouve
» pas de mots pour vous exprimer ma recon-
» naissance. Secourir des proscrits, par cette
» seule raison qu'on les sait malheureux, voilà
» une pensée admirable, un dévouement qui ne
» peut partir que d'un grand cœur! Pardonnez-
» moi, si je viens vous supplier aujourd'hui de
» ne rien tenter pour nous. Grâce à Dieu! nous
» avons reçu un secours inespéré! Un des amis
» de mon père lui a envoyé la somme dont
» nous avions besoin pour passer à l'étranger.
» Je sais qu'il n'est pas de plus grand supplice,
» pour une âme généreuse, que de perdre une
» occasion de se dévouer. Aussi je vous prie

» encore de me pardonner! S'il est possible de
» trouver une compensation au mal que je vais
» vous faire, gardez la petite croix que vous
» avez ramassée à mes pieds. Un orfèvre en
» ferait peu de cas peut-être; mais, à mes yeux,
» elle a une valeur inestimable, car elle me fut
» donnée par mon frère.

» Marguerite de Louvigny. »

Barbare lut cette lettre tout d'un trait, comme un homme décidé à mourir boit avidement le poison qui doit abréger ses tourments. Il porta instinctivement la main à son cœur, poussa un cri et leva les yeux au ciel, comme pour se plaindre à lui de ses angoisses.

Cependant le jeune homme eut encore une lueur d'espérance. Il courut vers la maison où demeurait Marguerite. Il écouta à la porte. Comme il n'entendait aucun bruit, il s'approcha du mur du jardin qu'il franchit sans peine, sauta par dessus les plates-bandes, entra dans la cour, monta l'escalier et parcourut toutes les chambres, dont on avait laissé les portes toutes grandes ouvertes.

— Ah! fit-il en tombant sur un fauteuil, j'é-

tais fou d'espérer encore!... Ils sont partis!...
Je ne reverrai plus Marguerite!

Alors il laissa tomber sa tête dans ses mains
et pleura jusqu'au soir.

. . . . . . . . . . . . . . . . . . . . . . . . . .
. . . . . . . . . . . . . . . . . . . . . . . . . .
. . . . . . . . . . . . . . . . . . . . . . . . . .

Huit mois plus tard, pendant cette merveilleuse campagne qui permit à quatre armées de la République de se donner la main depuis Bâle jusqu'à la mer, en suivant la ligne du Rhin, et qui se termina par la conquête inespérée de la Hollande, l'armée de la Moselle, attaquée à l'improviste par les Prussiens, perdit quatre mille hommes près du village de Kayserslautern.

Le soir de ce combat désastreux, lorsque les soldats républicains se mirent en devoir d'enterrer leurs morts, deux d'entre eux furent très-étonnés, en dépouillant un de leurs frères d'armes, de trouver sur sa poitrine une petite croix en or.

Il leur parut si étrange qu'un soldat de la République gardât sur lui un pareil signe, qu'ils en firent part à leurs chefs. Une enquête fut ouverte, et, toute vérification faite, il fut constaté que le mort s'appelait Fournier, mais qu'il était plus connu dans son régiment sous le nom de guerre de Barbare.

# MICHEL CABIEU

## I

Dans la nuit du 12 au 13 juillet, peu de temps avant la signature du traité de Paris qui mit fin à la guerre de sept ans, une escadre anglaise, en croisière dans la Manche, débarqua trois détachements d'environ cinquante hommes chacun à l'embouchure de la rivière d'Orne. Ces troupes avaient l'ordre d'enclouer les pièces des batteries de Sallenelles, d'Ouistreham et de Colleville. Si l'expédition réussissait, l'ennemi brûlait, le lendemain, les bateaux mouillés dans la rivière, remontait l'Orne jusqu'à Caen, assiégeait la ville et s'ouvrait un chemin à travers la Normandie.

L'audace d'un homme de cœur fit échouer le projet des Anglais et sauva le pays.

Voici le fait dans toute sa grandeur, dans toute sa simplicité.

A cette époque, Michel Cabieu, sergent garde-côte, habitait une petite maison située à l'extrémité nord d'Ouistreham. Dans son isolement, cette maison ressemblait à une sentinelle avancée qui aurait eu pour consigne de préserver le village de toute surprise nocturne. Ses fenêtres s'ouvraient sur les dunes et sur la mer. En plein jour, pas un homme ne passait sur le sable, pas une voile ne se montrait à l'horizon, sans qu'on les aperçût de l'intérieur de la chaumière.

Mais l'ennemi avait bien choisi son temps. La nuit était profonde. Il n'y avait plus de lumières dans le village. Les Anglais laissèrent quelques hommes pour garder les barques et se divisèrent en deux troupes, dont l'une se dirigea vers Colleville, tandis que l'autre se disposa à remonter les bords de la rivière d'Orne.

Ce soir-là, Michel Cabieu s'était couché de bonne heure. Il dormait de ce lourd sommeil que connaissent seuls les soldats préposés à la garde des côtes et obligés de passer deux nuits sur trois. A ses côtés, sa femme luttait contre le sommeil. Elle savait son enfant souffrant et ne pouvait se décider à prendre du repos. De temps en temps elle se soulevait sur un coude et se penchait sur le lit du petit malade pour écouter sa respiration. L'enfant ne se plaignait pas; son souffle était égal et pur, et la mère allait peut-être fermer les yeux, lorsqu'elle entendit tout à coup un grognement, qui fut suivi d'un bruit sourd contre la porte extérieure de la maison.

— Maudit chien! murmura-t-elle. Il va réveiller mon petit Jean.

Des hurlements aigus se mêlaient déjà à la basse ronflante du dogue en mauvaise humeur. Il y avait dans la voix de l'animal de la colère et de l'inquiétude. Encore quelques minutes, et il était facile de deviner qu'il allait jeter bruyamment le cri d'alarme.

La mère n'hésita pas; elle sauta à bas du lit, ouvrit doucement la fenêtre et appela le trop zélé défenseur à quatre pattes.

— Ici, Pitt! ici! dit la femme du garde en allongeant la main pour caresser le dogue.

Le chien reconnut la voix de sa maîtresse et s'approcha. C'était un de ces terriers ennemis implacables des rats, et qui ne se font pardonner leur physionomie désagréable que pour les services qu'ils rendent dans les ménages. Il avait appartenu autrefois au fameux corsaire Thurot, qui l'avait trouvé à bord d'un navire anglais auquel il avait donné la chasse. En changeant de maître, il avait changé de nom. On l'appelait Pitt, en haine du ministre anglais qui avait fait le plus de mal à la marine française.

— Paix! monsieur Pitt! paix! répétait la femme de Cabieu en frappant amicalement sur la tête du chien.

Mais celui-ci, comme son illustre homonyme, ne rêvait que la guerre. Il n'était pas brave cependant, car il s'était blotti, en tremblant, contre le bas de la fenêtre. Mais, comme les peureux qui se sentent appuyés, il éleva la voix, allongea le cou dans la direction de la mer et fit entendre un grognement menaçant.

— Il faut pourtant qu'il y ait quelque chose, pensa la mère.

Elle se pencha et regarda dans la nuit. Mais elle ne put rien apercevoir sur les dunes. A peine distinguait-on, sur ce fond obscur, l'ombre plus noire des buissons de tamaris agités par le vent. Au-dessus des dunes, une bande moins sombre laissait deviner le ciel. La femme de Cabieu crut même apercevoir une étoile. Puis l'astre se dédoubla. Les deux lumières s'écartèrent et se rapprochèrent, pour se rejoindre encore.

— Ce ne sont pas des étoiles! se dit la mère avec épouvante. Ce sont des feux de l'escadre anglaise. Ils nous préparent quelque méchant tour.

Tandis qu'elle faisait ces réflexions, le chien se mit à aboyer avec fureur.

La femme du garde regarda de nouveau devant elle. Il lui sembla voir remuer quelque chose sur le haut de la dune.

— C'est l'ennemi! dit-elle en pâlissant.

Elle courut auprès du lit et réveilla son mari.

— Michel! Michel! cria-t-elle d'une voix tremblante, les Anglais!

— Les Anglais! répéta le sergent en écartant brusquement les couvertures. Tu as le cauchemar!

— Non. Ils sont débarqués. Je les ai vus. Ils vont venir. Nous sommes perdus!

— Nous le verrons bien! dit Cabieu en sautant dans la chambre.

Il chercha ses vêtements dans l'obscurité et s'habilla à la hâte. Le chien ne cessait d'aboyer.

— Diable! diable! fit le garde-côte en riant, ils ne doivent pas être loin. M. Pitt reconnaît ses compatriotes. Depuis qu'il est naturalisé Français, il aime les Anglais autant que nous.

— Peux-tu plaisanter dans un pareil moment, Michel! dit la femme du sergent.

En même temps elle battait le briquet. Une gerbe d'étincelles brilla dans l'ombre.

— N'allume pas la lampe! dit vivement le garde-côte; tu nous ferais massacrer. Si les Anglais s'aperçoivent que nous veillons, ils entoureront la maison et nous égorgeront sans brûler une amorce.

— Que faire? dit la femme avec désespoir.

— Nous taire, écouter et observer.

— Le chien va nous trahir.

— Je me charge de museler M. Pitt.

A ces mots, le sergent entre-bailla la porte et attira le dogue dans la maison; puis il alla se mettre en observation derrière la haie de son jardin.

La mère était restée auprès du berceau. L'enfant dormait paisiblement et rêvait sans doute aux jeux qu'il allait reprendre à son réveil. Il ne se doutait pas du danger qui le menaçait. Il songeait encore moins aux angoisses de celle qui veillait à ses côtés, prête à sacrifier sa vie pour le défendre.

Cabieu ne revenait pas. Sa femme s'inquiéta; les minutes lui paraissaient des siècles. Elle voulut avoir des nouvelles et sortit en refermant doucement la porte derrière elle. A l'autre bout du jardin elle rencontra son mari.

— Eh bien? lui dit-elle.

— Ils sont plus nombreux que je ne le pensais. Vois!

La femme regarda entre les branches que son mari écartait.

— Ils s'éloignent! dit-elle avec joie.

— Il n'y a pas là de quoi se réjouir, murmura Cabieu.

— Pourquoi donc? Nous en voilà débarrassés.

— C'est un mauvais sentiment cela, Madeleine! Il faut penser aux autres, et je suis loin d'être rassuré. Je devine maintenant l'intention des Anglais. Ils vont essayer de surprendre la garde des batteries d'Ouistreham. Heureusement qu'en route ils rencontreront une sentinelle avancée qui peut donner l'alarme. Si cet homme-là fait son devoir, nos artilleurs sont sauvés.

Cabieu se tut un instant pour écouter.

— Ventrebleu! s'écria-t-il avec colère.

— Qu'y a-t-il? demanda Madeleine.

— Quoi! tu n'as pas entendu?

— J'ai entendu comme un gémissement.

— Oui, et la chute d'un corps. Ils ont poignardé la sentinelle. Ce gredin-là dormait. Tant pis pour lui! Je m'en soucie peu... Mais ce sont ces gueux d'habits rouges qui n'ont plus personne pour les arrêter!... Ils tueront les artilleurs endormis, ils encloueront les pièces!... Comment faire? comment faire?... Ah!...

Cabieu cessa de se désespérer. Il avait trouvé une idée et, sans prendre le temps de la communiquer à sa femme, il s'élança vers la maison.

Madeleine connaissait l'intrépidité de son mari. Elle le savait capable de tenter les entreprises les plus désespérées. Elle résolut de le retenir à la maison et traversa le jardin en courant. Elle trouva le sergent occupé à remplir ses poches de cartouches.

— Michel, dit-elle, en enlaçant ses bras autour du cou de son mari, tu n'as pas l'idée d'aller tout seul à la rencontre des Anglais?

— Pardon.

— Mais, malheureux, tu t'exposes à une mort certaine.

— Probable.

— Tu n'as donc pas pitié de moi?

— J'en aurais pitié si tu avais un mari assez lâche pour manquer à son devoir.

— Pourquoi tenter l'impossible? Les Anglais arriveront avant toi.

— Je connais mieux le pays qu'eux; et je compte bien prendre le chemin le plus court.

— Et si tu les rencontres en route?

— J'ai mon fusil; il avertira nos artilleurs.

— Tu te feras tuer, voilà tout! Les Anglais se vengeront sur toi de leur échec... Oh! je n'aurais pas dû te réveiller!

Madeleine se lamentait, suppliait. Cabieu continuait ses préparatifs et répondait aux objections de sa femme par des plaisanteries dites avec fermeté, ou par des mots sérieux prononcés en souriant. En même temps il réfléchissait et combinait son plan. Tout à coup il éclata de rire. Une idée étrange venait de surgir dans son esprit. Il entra dans un cabinet et reparut avec un tambour, qu'il jeta sur son épaule.

— Si la farce réussit, dit-il en mettant sa carabine sous son bras, on n'aura jamais joué un si joli tour à nos amis les Anglais!

Il se pencha sur le berceau et embrassa l'enfant qui dormait. Quand il se releva, ses yeux étaient humides. Madeleine s'aperçut de son émotion. Elle essaya d'en profiter pour le faire renoncer à son projet.

— Michel, dit-elle en se plaçant entre la porte et son mari, tu n'auras pas le cœur de nous abandonner, moi et ton enfant! Nous sommes sans défense!

— L'ennemi ne pense pas à vous. Vous n'avez rien à craindre.

— Si tu pars, Michel, je suis sûre que je ne te reverrai plus. J'en ai le pressentiment!

— N'essaie pas de m'attendrir, Madeleine. Je ne changerai pas de résolution. Allons! dis-moi adieu. Nous avons déjà perdu trop de temps.

La jeune femme fondit en larmes et se jeta dans les bras de son mari.

— Reste! lui dit-elle d'une voix brisée.

— Tu veux donc me déshonorer? dit Cabieu avec sévérité.

— Non, tu ne seras pas déshonoré. On ne saura pas que je t'ai réveillé dans la nuit. On croira que tu dormais. On ne te fera pas de reproches.

— Et ma conscience? dit le garde-côte. Allons! Madeleine, embrasse-moi et laisse-moi partir.

Il serra sa femme contre son cœur, la poussa doucement de côté et ouvrit la porte.

— Et ton fils ! s'écria Madeleine en cherchant à retenir son mari avec cette dernière prière. Il est si jeune. Si tu ne reviens pas, il n'aura pas connu son père.

— Tu lui diras plus tard pourquoi je ne suis pas revenu ; et il apprendra à me connaître, s'il a du cœur... Adieu, Madeleine, adieu !

Et l'on n'entendit plus dans la nuit que les sanglots de la femme et le bruit des pas de Cabieu qui s'éloignait.

## II

A quelque distance de sa maison, Cabieu sauta dans le creux d'un fossé qui séparait les dunes de la campagne. Il espérait ainsi échapper aux regards de l'ennemi. Après avoir couru quelques minutes, il arriva au bord d'un chemin qui conduisait à la mer. Tout à coup un homme se présenta devant lui. Le sergent épaula sa carabine et coucha en joue l'inconnu.

— Arrête ! lui cria-t-il, ou tu es mort !

L'homme s'arrêta au milieu de la route, et Cabieu marcha à sa rencontre.

— Il paraît, mon drôle, lui dit le garde-côte, que tu comprends bien le français?

— Aussi bien que vous le parlez, répondit l'étranger sans le moindre accent; et c'est pour cela que j'ai cru devoir vous obéir. J'ai deviné que j'avais affaire à un ami.

— Tu es donc un de mes compatriotes?

— Mieux que cela, un de tes parents. Je t'ai reconnu à la voix. Si tu es moins habile ou plus défiant que moi, approche et regarde. Je suis sans armes.

Le sergent examina l'homme de plus près.

— C'est toi, Baptiste! s'écria-t-il avec joie.

— Oui, c'est moi, ton frère!

— On m'avait assuré que l'ennemi t'avait fait prisonnier.

— On ne t'avait pas trompé. Avant-hier, dans une descente quils ont faite sur la côte de Colleville, les Anglais ont enlevé quatre garde-côtes, ton serviteur et un autre soldat du régiment de Forez.

— Comment te trouves-tu ici?

— Par cette raison bien simple qu'il y a deux jours, j'étais fait prisonnier, et qu'aujourd'hui je suis libre.

— Ce n'est pas le moment de plaisanter. L'ennemi est à deux pas de nous.

— Je le sais. Écoute-moi, et fais ton profit de ce que je vais te dire. Ce soir, le capitaine de la frégate, où j'étais aux fers, m'a fait monter sur le pont. Plusieurs barques étaient déjà à la mer. On me promet la liberté si je consens à servir de guide aux troupes qu'on allait débarquer sur la côte.

— Tu as accepté?

— Parbleu! Sans cela, aurais-je le plaisir de te parler à cette heure?... On débarque. Je suis placé sous la garde de deux grands habits rouges. Nous marchons sur Colleville. J'étais à la tête de la compagnie, pour servir d'éclaireur. Mon premier soin est de conduire les Anglais sur le bord d'une mare bourbeuse. Un de mes gardiens y tombe consciencieusement, sans en être prié. J'y pousse l'autre, et je me sauve à la faveur de la nuit, laissant le reste de la troupe en tête-à-tête avec les grenouilles du marécage. Ils n'ont pas osé me tirer des coups de fusil, dans la crainte de jeter l'alarme dans le pays... Et me voilà!

— Où allais-tu?

— Chez toi. Je voulais t'avertir de l'arrivée de l'ennemi.

— Et me conseiller de l'attaquer?

— Sans doute.

— Touche-là, Baptiste! dit le sergent avec émotion.

Les deux frères se serrèrent la main.

— Tu es l'homme qu'il me fallait, ajouta Cabieu. A nous deux, nous sommes de force à repousser les Anglais.

— Si on nous aide, dit le soldat du régiment de Forez. Où sont tes hommes?

— Les voilà! répondit le sergent en frappant successivement sur sa poitrine et sur celle de son frère.

— Quoi! tu n'as pas rassemblé tes garde-côtes?

— Ils sont au diable!

— Et tu venais ainsi, tout seul?... Ah! mon cher, tu es fou!

— Pas si fou que cela, puisque j'ai eu l'esprit de te rencontrer... Es-tu décidé à te venger des Anglais? L'occasion est bonne.

— Hum! ils sont au moins un cent.

— Qu'importe! si nous avons cent fois plus de courage qu'eux.

— Nous n'aurons pas autant de fusils.

— Tu hésites? N'en parlons plus... J'entends du bruit sur la dune. Ils approchent. Voici le moment de les arrêter. Adieu !

Cabieu s'éloigna. Son frère courut après lui.

— Michel, dit le soldat d'un air triste, tu pars sans moi? Tu me méprises donc bien?

— Je savais que tu me suivrais, répondit Cabieu en riant. Je n'ai pris les devants que pour t'empêcher de faire des phrases. Tu as le malheur d'être bavard. Ce soir, il faut se taire et agir.

— Bon! Donne-moi une arme.

— Je n'ai que mon fusil.

— En ce cas, j'ai bien peur, si je ne laisse pas mes os sur la dune, de retourner sur l'escadre anglaise. Avec quoi veux-tu que je me batte? Avec les poings?

— Avec cela, dit Cabieu.

Sans s'arrêter, il prit le tambour qu'il portait sur l'épaule et le suspendit au cou de son frère. Celui-ci reçut les baguettes en hochant la tête.

— J'espère bien, dit-il, que nous ne nous servirons pas de ce tambour?

— Pardon.

— Autant vaudrait appeler l'ennemi et le prier tout de suite de nous entourer et de nous passer par les armes !

— Chut ! dit Cabieu d'une voix brève.

On entendit, derrière la dune, un bruit d'armes et le cliquetis des galets qui roulaient sous les pieds.

— C'est ma troupe de Colleville, murmura le soldat. Ils n'ont pas pu trouver le chemin de la batterie. Ils reviennent.

A cet instant, une traînée de feu monta en serpentant dans le ciel.

— Ils tirent des fusées, dit Cabieu. On va bientôt leur répondre.

En effet, sur leur droite, à trois cents pas environ, les deux frères aperçurent la lueur d'une autre fusée.

— C'est la troupe d'Ouistreham, dit le soldat.

— Oui, répondit Cabieu, celle-là continue les signaux, tandis que les autres cessent de lancer des fusées. Ils vont évidemment se rallier sur les bords de la rivière. Ce hasard nous donne la victoire.

Cabieu se leva précipitamment. Il avait le visage radieux.

— Reste-là, dit-il à son frère.

— Je veux t'accompagner.

— Je t'ordonne de rester ici, reprit le sergent d'une voix impérieuse. Qui a conçu le plan? Moi. Je suis donc ton chef. Si tu ne m'obéis pas, si tu violes la consigne, tu es traître à ton pays!

— Tu as l'air de parler sérieusement, Michel; et cependant je suis sûr que tu vas faire une folie.

— Si tu exécutes fidèlement mes ordres, dans une heure, les Anglais auront rejoint leur escadre.

— Que faut-il faire?

— Rester ici.

— Bien.

— Et, lorsque tu auras entendu l'explosion de ma carabine, battre la générale à tour de bras et en courant dans la direction des Anglais... Puis-je compter sur toi, Baptiste?

— Comme sur toi-même, Michel.

Cabieu visita l'amorce de sa carabine et partit d'un pas rapide.

## III

Le soldat regarda avec tristesse son frère qui s'éloignait. Il pensait qu'il ne le reverrait plus.

Mais le sergent des garde-côtes avait plus de confiance que cela dans la réussite de son entreprise. Il marchait sur l'ennemi avec la certitude de le mettre en fuite. Il ne craignait pas d'être aperçu. La nuit était si profonde qu'il entendait déjà les Anglais sans les voir.

Cabieu quitta la dune et se jeta dans la campagne. Il voulait tourner les Anglais et revenir sur eux à l'improviste, en s'abritant derrière une haie de saules qui poussaient dans le voisinage de la rivière. La connaissance qu'il avait du pays le servit autant que son audace.

Le garde-côte s'accroupit derrière un buisson, à dix pas de l'ennemi. Il coula le canon de sa carabine entre les feuilles, ajusta le groupe et resta en observation.

Les Anglais parlaient entre eux avec animation. Les uns tendaient la main du côté de la mer, comme s'ils eussent donné l'avis de se rembarquer au plus vite. Les autres se tournaient vers la batterie d'Ouistreham, comme s'ils eussent voulu exciter leurs camarades à ne pas laisser leur entreprise inachevée. On devinait à leurs gestes, à leur air indécis, qu'il y avait dans leur conseil deux courants d'idées contraires. La compagnie qui avait marché sur le village de Colleville se croyait trahie et craignait une surprise; les autres paraissaient décidés à tenter tous les hasards.

Cabieu retenait sa respiration, voyait et écoutait tout. Quand il fut convaincu que le parti des audacieux l'emportait, il coucha en joue l'officier qui s'était mis à la tête du détachement. En même temps, il s'écria d'une voix formidable :

— Qui vive?

A ce mot, un grand trouble se fit dans les rangs des Anglais. Ils se pressèrent les uns contre les autres, formèrent le carré et regardèrent avec inquiétude dans les ténèbres.

— Voilà le moment de jouer ma comédie, se dit Cabieu.

Il tourna la tête en arrière, comme s'il eût adressé un commandement à une troupe de soldats.

— Nom d'un tonnerre! s'écria-t-il, ne tirez pas! ne tirez pas! Je vous le défends!

Les Anglais dressaient l'oreille et cherchaient dans l'ombre à apercevoir leur ennemi.

Cabieu fit résonner la batterie de son fusil.

— Sacrebleu! fit-il d'un ton furieux, n'armez pas, caporal; j'ai défendu de tirer.

Et, changeant de voix :

— Capitaine, reprit-il, il faut en finir avec ces gueux d'habits rouges. Si nous faisons feu, il n'en échappera pas un.

— Silence! répondit Cabieu. Obéissez à la consigne.

— Capitaine, continua-t-il sur un autre ton, mes hommes sont impatients. Ils ne veulent plus rester au port d'armes.

— Gredin! s'écria Cabieu, ce sont les mauvais chefs qui font les mauvais soldats.

Et, comme s'il eût parlé au reste de sa troupe imaginaire :

— Qu'on emmène cet homme! dit-il avec colère. Il n'est pas digne de se mesurer avec l'ennemi. Qu'on le conduise en prison.

Il se leva, marcha avec bruit et frappa plusieurs fois la terre de la crosse de son fusil, comme pour faire croire à une lutte

Tout en jouant cette scène, Cabieu ne perdait pas de vue les Anglais. Ceux-ci paraissaient consternés.

— Eh bien! s'écria de nouveau le rusé sergent, il me semble qu'on a murmuré dans les rangs! Auriez-vous la sottise de regretter le départ de cet homme? Sachez-le : ce n'est pas le nombre qui fait la force d'une armée, c'est la discipline. D'ailleurs n'êtes-vous pas assez nombreux pour mettre en fuite trois fois plus d'ennemis qu'il n'y en a là à combattre?... Allons! arme bras!... Que personne ne tire avant le commandement. Les garde-côtes d'Ouistreham et de Colleville sont avertis. Ils vont venir. Attendons-les. Nous prendrons l'ennemi entre deux feux. Pas un Anglais ne remettra le pied sur l'escadre!

En disant cela, il ajusta l'officier qui avait fait quelques pas dans la direction de la haie. Il lâcha la détente; le buisson s'enflamma et, quand la fumée se fut dissipée, Cabieu aperçut sa victime qui se débattait sur le sable de la dune.

Les Anglais firent un feu de peloton sur la ligne des saules. Les balles sifflèrent aux oreilles de Cabieu et cassèrent des branches autour de lui.

— Canailles! s'écria Cabieu d'une voix furieuse, comme s'il eût parlé à ses hommes, ne vous avais-je pas défendu de tirer? Heureusement que rien n'est perdu. Nous n'avons personne de tué, et voici les garde-côtes qui arrivent.

En effet, au loin, on entendit le son d'un tambour qui battait la générale. Le bruit se rapprochait; il était formidable. On aurait dit un régiment qui s'avance au pas de course.

— Voilà les nôtres! cria Cabieu. Ne tirez pas encore. A la baïonnette! mes amis, à la baïonnette!

Il avait rechargé sa carabine et il tira un second coup de feu dans la masse des Anglais.

— A la baïonnette! reprit-il d'une voix courroucée.

A ces mots il agita les touffes de saules; puis il traversa bravement la haie et s'élança à la rencontre des Anglais.

— Sauve qui peut! s'écria l'ennemi qui se croyait attaqué par des forces supérieures.

De tous les côtés à la fois les Anglais gagnèrent le haut de la dune, se précipitèrent sur le rivage et se jetèrent dans les barques.

Cabieu eut encore le temps de leur envoyer

deux coups de fusil, avant qu'ils eussent pris la mer.

Son frère le rejoignit sur les bancs de sable ; il battait toujours du tambour.

— Tu peux te reposer, lui dit Cabieu en riant, ils sont partis. La farce a réussi.

— Tiens, Michel, dit le soldat du régiment de Forez en sautant au cou de son frère, s'il y avait en France dix généraux comme toi, M. Pitt n'oserait plus nous faire la guerre.

## IV

A cet instant, les deux frères entendirent des gémissements derrière eux. Ils remontèrent sur la dune, et, après avoir cherché quelque temps au hasard dans les ténèbres, ils trouvèrent un homme qui se débattait sur le sable.

Ils se penchèrent sur le blessé et ils constatèrent qu'il avait une cuisse cassée et l'autre percée par une balle. Ils le soulevèrent et le transportèrent dans la maison du garde-côte.

— Les Anglais sont partis, dit Cabieu en embrassant sa femme. Nous amenons un prisonnier qu'il faut soigner comme si c'était l'un des nôtres.

Ils le soignèrent si bien qu'au bout de deux jours le blessé recouvra sa connaissance. Il se nomma. C'était un bas officier qui commandait un des détachements, et qui, selon toute apparence, était fort estimé; car le commandant de l'escadre le fit demander en offrant de renvoyer les quatre garde-côtes et le deuxième soldat du régiment de Forez que les Anglais avaient faits prisonniers. La proposition fut acceptée, et l'échange eut lieu.

Quelques jours après, l'escadre anglaise mit à la voile, et les côtes de la basse Normandie ne furent plus inquiétées jusqu'à la signature du traité de Paris.

L'esprit et le courage de Cabieu avaient sauvé le pays.

Le ministre lui accorda une gratification de deux cents livres et lui écrivit une lettre de satisfaction pour sa manœuvre.

Ce fut tout. Mais l'opinion publique fut plus généreuse que le Trésor royal. L'exploit de l'humble garde-côte eut un grand retentissement dans la Normandie, et le peuple ne le désigna plus que sous le nom de général Cabieu.

« Il aurait vécu heureux de ce souvenir, dit M. Boisard dans ses notices biographiques sur les hommes du Calvados, si un incendie ne fût venu augmenter sa détresse et celle de sa famille.

» La pitié qu'il inspira réveilla le souvenir du service qu'on avait oublié. A la sollicitation du duc d'Harcourt, le ministre de la guerre lui accorda une gratification annuelle de 100 francs. Mais la reconnaissance nationale lui réservait d'autres dédommagements. Il les obtint aussitôt qu'elle put se manifester sans recourir au patronage des grands. Le grade de général fut solennellement conféré à Cabieu dans les premières années de la Révolution, et nous l'avons vu en porter les insignes. L'État lui accorda en outre une pension de 600 francs. »

Michel Cabieu mourut à Ouistreham, le 4 novembre 1804. Ce petit coin de terre, qui n'est sur la carte qu'un point insignifiant, vit naître et mourir obscurément un de ces héros auxquels la Grèce élevait des statues.

# LE
# MAITRE DE L'ŒUVRE

## PROLOGUE

### Les deux touristes.

Une des nombreuses voitures, qui faisaient alors le service de Caen à Bayeux, venait de s'arrêter à Bretteville-l'Orgueilleuse. Deux jeunes gens sautèrent de l'impériale plutôt qu'ils n'en descendirent, emportant avec eux tout leur bagage : un sac en toile, un bâton, un album; avantage inappréciable qui n'appartient qu'aux célibataires.

A peine arrivés, nos voyageurs se dirigèrent vers l'église avec un empressement qui dénotait, sinon une certaine exaltation religieuse, du moins un goût prononcé pour l'archéologie. Ils firent le tour du monument, en visitèrent l'intérieur, et sortirent bientôt pour se consulter sur l'emploi de leur journée.

— Il est midi, dit l'un des touristes en tirant sa montre, et j'ai plus faim de beefsteak que d'architecture.

— J'allais te faire la même réflexion, répondit l'autre. Il faut déjeuner au plus vite.

Tous deux se précipitèrent dans la cuisine de l'hôtel du *Grand-Monarque* et s'assirent devant une petite table en sapin. Les fourchettes se dressent, les mâchoires s'entrechoquent, le silence le plus complet s'établit entre les deux compagnons de route. C'est le moment de vous dire en peu de mots ce qu'ils sont, pourquoi nous les voyons attablés dans l'hôtel du *Grand-Monarque*, et ce qu'ils se proposent de faire.

Le premier répond au nom de Léon Vautier. Ses traits ne sont pas précisément réguliers, mais ses yeux sont pleins de feu et d'intelligence. S'il sourit devant vous, vous comprenez immédiatement que vous ne parlez pas à un sot. Sorti de l'école des Beaux-Arts, Léon Vautier avait travaillé sous la direction d'un architecte du gouvernement. Au moment où nous le rencontrons, il venait d'être chargé par la commission des monuments historiques, instituée près le ministre de l'intérieur, de l'inspection de quelques-uns des édifices religieux de la Basse-Normandie.

Son compagnon s'appelait Victor Lenormand. Il n'avait pas de mission du gouvernement, mais c'était le fidèle Achate du jeune architecte. Comme il avait une jolie fortune et des prétentions, peu justifiées, à la peinture, il se faisait un plaisir de suivre son ami dans ses pérégrinations officielles, croquant un paysage par-ci, un monument par-là, et se composant des cartons qui devaient, selon ses espérances, le conduire au Temple de mémoire. Il est vrai qu'il avait déjà essayé de faire parler les cent bouches de la renommée en exposant son fameux tableau du *Quos ego*. Son Neptune, avec sa barbe inculte et mélangée d'herbes marines, avait bien l'air de dignité qui convient au souverain des eaux. Seulement notre artiste avait eu la malencontreuse idée de mettre dans la main du dieu un poisson que le jury ne trouva pas de son goût. Victor se consola de ce premier pas de clerc en rimant force épigrammes contre ses juges; mais la blessure n'en était pas moins douloureuse, et le moindre mot qui lui rappelait son tableau du *Quos ego* faisait saigner la plaie mal fermée de son amour-propre.

Le déjeuner fini, Léon se fit indiquer par la servante de l'auberge le chemin qui conduit au petit village de Norrey ; et les deux amis reprirent leur bagage. L'architecte ayant levé machinalement les yeux vers l'enseigne du *Grand-Monarque* partit d'un grand éclat de rire.

— Ce chef-d'œuvre vaut bien un coup d'œil, dit-il en montrant du doigt la figure du héros d'Ivry, enluminé comme un ivrogne qui sort du cabaret.

— En effet, ce n'est pas mal ! Il a l'air d'avoir abusé du premier de ses trois talents, le bon Henri !

>  Ce diable à quatre
>  A le triple talent
>  De boire, etc...

Je soupçonne l'artiste d'avoir eu des relations avec les ligueurs. C'est une satire, ce portrait-là !

— Est-ce tout ce que tu as remarqué ?

— Mon Dieu, oui !

— Comment ! tu n'admires pas sa cotte de mailles ? de vraies écailles de poisson ! Le peintre aura vu ton tableau. C'est un plagiaire.

— Quoi que tu en dises, répliqua Victor en prenant feu, je soutiens que pas un des membres du jury ne serait capable de donner à Neptune un tel cachet d'originalité. Ces messieurs sont habitués à se traîner dans les ornières de la tradition. Ils m'ont trouvé ridicule, et je m'y résigne; mais on sera bien obligé de reconnaître en moi le courage de défendre un système ; ce dont tu ne saurais te vanter... car tu ne penses encore que par le cerveau de tes professeurs.

— Qu'en sais-tu ? Je n'ai encore rien produit.

— Je m'en aperçois bien; car tu n'es guère indulgent pour les autres. Il n'y a pas de critiques plus aboyeurs que ceux qui n'ont rien imaginé. Je crois que tu suivras la loi commune. Imbu, nourri des idées de tes maîtres, tu seras tout surpris de copier là où tu croyais créer. L'architecture est morte !...

— Oui : *Ceci tuera cela!* Voir Notre-Dame de Paris !

— Vous n'avez plus, continua Victor en s'échauffant, ce sentiment patriotique et religieux, ce souffle divin qui inspirait les architectes du moyen âge. Si vous construisez une église, vous faites une mauvaise imitation de nos salles de spectacle, vous copiez un temple grec, ou vous

construisez une espèce de gare de chemin de
fer. Et chacun connaît le maçon qui bâtit ces
masures, tandis que les noms de ceux qui ont
élevé les cathédrales de Noyon, de Chartres, de
Reims, l'admirable façade de Notre-Dame, ne
nous sont pas conservés !

— *Sic vos non vobis!* soupira mélancolique-
ment une voix de basse-taille derrière les deux
amis.

— Qui se permet d'écouter aux portes? dit
Victor en se retournant vers le nouveau venu.

— Vous vous parlez en latin? dit Léon Vautier; je ne jouis pas de cet avantage; mais voici
mon camarade qui parle hébreu. La preuve, c'est
qu'il vient de me tenir un long discours dans
cette langue.

— C'est-à-dire que je ne me suis pas bien expli-
qué ! répondit le peintre en se mordant les lèvres.

— J'ai pourtant compris, dit l'étranger en
s'interposant comme pacificateur, que votre ami
regrette l'oubli qui pèse sur les noms des *maîtres de l'œuvre.*

— On voit que monsieur est versé dans l'histoire de l'architecture, dit Léon Vautier.

Et, pour la première fois, il songea à examiner l'étranger.

C'était un homme de cinquante à cinquante-cinq ans. Son costume était celui d'un paysan endimanché : blouse bleue, pantalon de toile, cravate rouge avec un gros nœud dont les bouts se balançaient au vent, chapeau de paille et souliers ferrés. Mais, si l'on venait à observer sa toilette, à considérer plus attentivement sa tournure et ses manières, il sautait aux yeux que ce personnage devait porter l'habit avec autant d'aisance que la blouse.

— Si je ne m'abuse, dit-il, j'ai l'honneur de parler à des artistes, et, comme je les ai en grande estime...

— Vous avez peut-être été du métier ? demanda Victor.

— Vous désirez savoir mon nom ? répondit l'étranger en souriant finement. Au temps où je me servais de cartes de visite, on y lisait : Louis Landry, et au-dessous : procureur du... procureur de... procureur imp... suivant les variations du baromètre politique. J'ai déjà servi, — comme vous le voyez, — deux ou trois gouvernements. Cela fatigue à la longue. Aussi me suis-je décidé sans peine à céder la toge à la magistrature militante. J'ai suivi le précepte de Virgile... je me suis fait paysan ! Comme tel, j'aime à excercer l'hospitalité, et j'espère, si cela ne dérange pas vos projets, vous amener dîner chez moi.

On était arrivé devant l'église de Norrey, une des curiosités du pays.

— Vous désirez la visiter? dit l'ancien magistrat. Je vais chercher les clefs chez le sonneur. Attendez-moi.

Il partit et revint bientôt avec les clefs.

— Voilà un charmant morceau du treizième siècle, s'écria Léon Vautier en contemplant avec délices la tour élégante de l'église de Norrey.

— Et voilà un charmant magistrat du dix-neuvième! dit Victor. Il va nous ouvrir la porte du sanctuaire, en attendant qu'il nous ouvre celle de la salle à manger.

Le dialogue fut interrompu par l'arrivée de M. Landry.

— Un peu de patience, mes amis! dit le Mécène bas-normand en tournant et retournant la clef dans la serrure.

On entra dans l'église.

Léon Vautier en eut pour une bonne heure à satisfaire sa curiosité. Son regard interrogeait chaque détail d'ornementation avec autant d'ardeur que l'artiste du moyen âge en avait mis à fouiller la pierre. Quand ils furent sortis de l'église, les deux jeunes gens s'assirent sur un tertre de gazon, ouvrirent leurs albums et commencèrent un dessin du monument.

— Prenez un siége et donnez-vous la peine de vous asseoir, dit gravement Victor à leur complaisant cicerone.

— Volontiers! répondit l'ex-magistrat en prenant place entre les deux jeunes gens; je taillerai les crayons.

— Non, vous nous raconterez quelque grand scandale de cour d'assises.

— Y songez-vous? J'ai tout oublié en dépouillant la robe de magistrat. Je préfère vous raconter une histoire locale. Ce lieu où nous sommes assis tranquillement a été le théâtre d'un drame sanglant.

— Vous me faites frémir! Commencez toutefois votre récit; j'adore le drame... fût-il de M. Dennery!

— Puisque vous l'exigez, j'appelle à mon secours feu mon éloquence de ministère public; puisse-t-elle ne pas blesser les oreilles délicates de mon auditoire! Or donc, voici l'histoire du maître de l'œuvre de Norrey :

## I

### Pierre Vardouin

Tandis que saint Louis régnait à Paris, Pierre Vardouin goûtait à Bretteville les douceurs d'une royauté non contestée. A coup sûr il n'eût pas été le second à Rome, mais il était certainement le premier dans son village. Il suffira d'un mot pour faire comprendre de quel respect, de quelle vénération on entourait ce grave personnage. Il était: *Maître de l'œuvre*. C'était ainsi qu'on désignait les architectes avant le seizième siècle. Les moindres détails de l'ornementation et de l'ameublement étant aussi bien de son ressort que la construction des édifices et la direction des travaux, le maître de l'œuvre devait joindre à une étude approfondie de son art des connaissances vraiment encyclopédiques. A lui de bâtir les châteaux forts des seigneurs; à lui de bâtir les monastères et les églises. Ce dernier attribut lui donnait aux yeux du vulgaire un caractère sacré, presque sacerdotal. Aussi les maîtres de l'œuvre partageaient-ils souvent les honneurs réservés aux nobles et aux abbés. On plaçait leurs tombeaux dans l'église qu'ils avaient construite, et le sculpteur n'oubliait pas de leur mettre des nuages sous les pieds, distinction qu'on n'accordait alors qu'aux personnes divines.

Mais il y avait une autre cause à la renommée de Pierre Vardouin. Les mœurs, le langage, les costumes, le gouvernement changent avec le temps; mais les préjugés, les petitesses du cœur humain ne suivent pas les variations du calendrier. Que le treizième ou le dix-neuvième siècle sonne à l'horloge du temps, les sept péchés capitaux n'en sont pas moins à l'ordre du jour. On accepte une réputation faite, parce qu'on ne se sent pas de force à lutter contre l'opinion générale; mais si votre voisin a du talent, vous en parlez comme d'un homme ordinaire; vous vous feriez tort à vous-même plutôt que de servir à son élévation. Il est très-difficile d'avoir du mérite dans la ville qui vous a vu naître.

Les habitants de Bretteville avaient donc Pierre Vardouin en grande estime, parce qu'il venait de loin. On ne connaissait pas le lieu de sa naissance, on ne savait pas au juste dans quel chantier ni sous quel patron il avait fait son apprentissage; mais il s'était établi tout à coup à Bretteville, se faisant précéder d'une réputation plus ou moins méritée, répétant à qui voulait l'entendre qu'il avait travaillé sous les maîtres les plus illustres et émerveillé les gens du métier par son bon goût, ses nouveaux procédés et l'élégance de ses constructions. Pourquoi abandonnait-il le théâtre de ses triomphes? Pourquoi s'enterrait-il dans un village à peine connu? On ne se le demandait même pas. Il fit si bien son apologie, vanta si habilement ses connaissances, que son éloge fut bientôt dans toutes les bouches. Chacun proclama son talent.

Les notables de Bretteville, entraînés par ce concert de louanges, et prenant, comme toujours, la voix du peuple pour la voix de Dieu, demandèrent comme une grâce au nouvel arrivé d'achever l'église du village. Pierre Vardouin se fit prier quelque temps pour la forme et accepta de grand cœur des propositions qui venaient flatter si à propos sa vanité. Il s'installa donc avec sa fille et les maîtres ouvriers dans la maison dite *de l'œuvre,* qu'on plaçait habituellement dans le voisinage de l'édifice en construction.

S'il n'avait pas l'inspiration de la plupart des artistes de son temps, il possédait assez bien les ressources du métier et savait remplacer, par la pratique et l'expérience, ce qui lui manquait en théorie ou en largeur de vues. Il se mit ardemment à l'ouvrage, ne songeant guère à travailler pour la gloire de Dieu, mais désirant frapper l'esprit de ses nouveaux concitoyens et agrandir sa renommée. Son nom était gravé sur sa porte avec cette orgueilleuse inscription : *vir non incertus*, l'homme illustre! empruntée à Gilabertus, architecte de Toulouse.

La tour s'élevait, s'élevait à vue d'œil et commençait à dominer tout le village. Chaque habitant pouvait apercevoir, de ses fenêtres ou de son jardin, les manœuvres des ouvriers suspendus aux échafaudages. La plupart, n'osant porter un jugement sur ce qu'ils étaient incapables de comprendre, se contentaient d'admirer sur la foi de la renommée de Pierre Vardouin. Le maître de l'œuvre ne trouvait pas partout la même indulgence. Les esprits forts de l'endroit, — ces gens qui aiment à critiquer en raison directe de leur ignorance, — parlaient déjà librement sur son travail à mesure qu'il approchait de sa fin. On n'aimait pas la forme des gargouilles, qui vomissaient l'eau du sommet du corps carré; la flèche ne s'annonçait pas bien, elle était trop massive, elle ne s'élançait pas gracieusement dans les airs. Ces commentaires ne se faisaient pas à huis clos ou à voix basse; car le désir de se faire remarquer entre pour beaucoup dans l'esprit de ceux qui les font. Bien que Pierre Vardouin ne le cédât à personne sous le rapport du contentement de soi-même, bien qu'il fût convaincu de sa supériorité, il fut blessé au cœur par ces critiques malveillantes.

Un dimanche, en revenant de l'office avec sa fille, il passa près d'un groupe qui s'était formé à l'entrée du cimetière, comme pour mieux examiner les travaux. Il prêta l'oreille, espérant saisir au vol quelques-uns de ces mots flatteurs si agréables à la médiocrité. Hélas! l'orateur de la troupe faisait une satire. Pierre Vardouin hâta le pas et entraîna sa fille sous le porche de sa maison. Il monta au premier étage, entra dans sa chambre et se jeta, tout découragé, sur une chaise. Sa fille, une jeune fille de seize ans, aux cheveux blonds, aux yeux purs comme un beau ciel d'été, une de ces adorables natures qui vivent de dévouement, devinent vos douleurs et s'ingénient toujours pour vous consoler, voyant l'accablement du vieillard, s'approcha de lui, prit ses mains et lui demanda la cause de son chagrin.

— Je crois savoir, dit-elle, le motif de votre mécontentement. Mais laissez parler vos ennemis. Leurs amères critiques passeront comme le vent, et votre ouvrage restera pour dire votre nom et votre gloire aux âges futurs.

Le vieillard rougit légèrement, en voyant sa pensée si bien mise à nu. Il regretta de ne pas avoir mieux caché sa faiblesse et ne chercha plus qu'à dissimuler la honte qu'il en éprouvait.

— Que tu es jeune, ma pauvre Marie! dit-il en regardant sa fille d'un air de compassion. Les épigrammes de ces lourdauds ne peuvent que s'aplatir en m'atteignant. J'ai le droit de les mépriser. Ce que tu as pris pour les souffrances de l'humiliation, c'était tout simplement une des mille souffrances de ce misérable corps qui se vieillit. Car je souffre affreusement! Ma tête est lourde... Le sang me brûle!... je suis altéré. C'est cela même, ajouta-t-il en voyant sa fille courir vers une armoire et lui rapporter une coupe pleine de vin. Cela me calmera peut-être. La fièvre, la pire de toutes les maladies, la fièvre de l'esprit me dévore. La pensée, quand elle est trop forte, trop fréquente, use et abat le corps le plus robuste. Et c'est au moment où j'enfante les plus belles conceptions, où je m'épuise, où je me tue pour la gloire et l'embellissement de ce pays, c'est à cet instant que ces hommes stupides me crachent l'injure à la face. — Tiens ! regarde, dit-il après avoir amené sa fille près de la fenêtre, regarde cette tour, cette flèche, dépouille-les, par un effort d'imagination, de ces échafaudages qui les masquent en partie, et dis-moi si tu as vu jamais quelque chose de plus léger, de plus simple, mais aussi de plus solide et de plus gracieux !

— Vous n'ignorez pas, mon père, répondit naïvement Marie, que j'étais bien jeune quand j'ai voyagé et que je n'ai pas grande connaissance en fait d'art?

— N'importe ! tu es ma fille et tu vas me comprendre. Admire l'élégance de ces fenêtres, longues et étroites. Admire la finesse des colonnettes ; vois comme les quatre pans de l'octogone correspondent bien aux quatre faces de la tour. Remarque comme chaque détail est étudié, comme tout est prévu, calculé, proportionné ; et dis-moi si ce n'est pas là un travail admirable !

— Oui, mon père, c'est bien beau.

— Eh bien ! le croiras-tu ? ce troupeau d'imbéciles me tourne en ridicule. Ils disent que l'effet est manqué, que ma tour ressemble au four d'un potier, que j'ai déshonoré leur village. En vérité, ils mériteraient, les misérables, que je commandasse à mes ouvriers de démolir leur église et de ne pas laisser pierre sur pierre de cet édifice de damnation !

— Plus vous vous emporterez, plus vous augmenterez votre mal, dit Marie.

Tout en parlant ainsi, la jeune fille prit doucement le bras de son père et le fit asseoir près de la table.

— Vous travaillez trop, vous vous fatiguez, reprit-elle. Que ne prenez-vous quelqu'un pour vous aider ?

— C'est cela ! grommela le vieillard avec humeur ; je ne suis plus propre à rien ! Vite, il faut faire place à un successeur ! Aujourd'hui, l'imbécillité ; demain, la tombe !

— Je prie assez le bon Dieu et sa douce mère, ma patronne, pour qu'ils me fassent la grâce de vous conserver longtemps.

— Je préférerais la mort à une vieillesse honteuse !

— Vous blasphémez, mon père, dit Marie.

Est-ce que vous ne n'aimez plus ? ajouta-t-elle en se suspendant au cou du vieillard. Est-ce que je suis trop exigeante ? Je vous demande de vivre pour moi, de ne pas épuiser vos forces par un travail opiniâtre, de confier à quelque personne intelligente une partie de vos entreprises.

— Voilà justement la difficulté. Qui choisir ? Philippe, Robert, Ewrard ? Ils ne manquent pas d'adresse ; ce sont d'excellents tâcherons, de bons tailleurs de pierre, de bons appareilleurs. Mais allez donc leur demander des projections sur parchemin ou des tracés sur granit, et vous verrez la belle besogne qu'ils vous feront ! Toi, ma fille, tu parles fort à ton aise de choses que tu n'es pas capable d'apprécier. J'ai des ouvriers, des hommes qui exécutent bien, mais qui sont impuissants quand il s'agit d'inventer. Voilà ce qui me condamne à faire tout par moi-même.

— N'oubliez-vous pas quelqu'un ? dit Marie en rougissant.

Le maître de l'œuvre jeta un regard perçant sur sa fille et ne put s'empêcher de partager son trouble. Il ne comprenait que trop bien. Mais, feignant d'ignorer de qui la jeune fille voulait parler, il demeura les yeux fixes, comme un homme qui cherche à rappeler ses souvenirs.

— Celui qui a ciselé la coupe que vous avez entre les mains, reprit Marie.

— Je ne me souviens pas...

— Il vous l'a pourtant apportée lui-même, le jour de votre fête, il n'y a pas un an de cela. Le pauvre François, le fils de cette bonne mère Regnault, serait bien affligé s'il apprenait que vous faites si peu de cas de ses attentions pour vous.

— C'est vrai. Tu as ma foi raison! Mais il est si jeune que je n'aurais jamais songé à lui, quand tu me parlais de chercher quelqu'un pour me décharger un peu de mon travail.

— Il a du talent.

— Qu'en sais-tu ?

— Mais ses dessins, ses statuettes, vous les connaissez aussi bien que moi... Que je vous montre encore un de ses derniers ouvrages !

Marie alla chercher son livre d'heures. Elle l'ouvrit et mit sous les yeux de son père une feuille de parchemin, enluminée avec cette richesse de couleurs qu'on ne rencontre plus que dans les manuscrits du moyen âge.

— Cela pourrait être mieux, dit Pierre Vardouin en répondant par un jugement sévère à l'enthousiasme de sa fille. Ce sont des enfantillages. Tout cela me confirme dans mon opinion sur François Regnault. Il ne saura jamais faire que des images ou des statuettes. Je t'interdis de rien accepter désormais de ce garçon-là.

— Est-ce qu'il y a du mal à recevoir un présent?

— Sans doute, quand celui qui le fait espère un droit de retour. Te voilà maintenant l'obligée de François, et je ne le veux pas, entends-tu! je ne le veux pas.

— Vous me grondez, petit père, dit Marie en jouant avec les cheveux du vieillard et en lui donnant un baiser sur le front. Est-ce que vous avez à vous plaindre de moi? J'écoute docilement vos leçons; je chante quand vous m'ordonnez de vous désennuyer; je prie le bon Dieu avec ardeur, matin et soir, pour que vous soyez illustre et heureux, pour qu'il vous fasse retrouver en votre fille les vertus qui distinguaient ma pauvre mère. Enfin — et la jeune fille rendit sa voix encore plus caressante, — je vous ai promis de me soumettre à vos volontés. Vous choisirez vous-même mon mari, et je ne me plaindrai pas, s'il a les yeux noirs comme ceux du fils de la veuve Regnault. Mais voici les vêpres qui sonnent, ajouta Marie avant de quitter sa position de suppliante; vous ne me laisserez pas partir sans me promettre d'être plus indulgent pour François?

— Nous verrons! répondit Pierre Vardouin en embrassant sa fille.

Et Marie s'échappa des bras du maître de l'œuvre, emportant avec elle du bonheur et de l'espérance pour le reste de la journée et s'attachant au dernier mot de son père, comme l'hirondelle, qui traverse les mers, se repose sur le mât d'un navire afin d'y prendre la force de continuer son voyage.

## II

### A propos d'une fleur.

Les premiers travaux de Pierre Vardouin à Bretteville avaient été signalés par un triste événement. Un tailleur de pierre s'était brisé la tête en tombant du haut d'un échafaudage. Marie, qui n'avait alors que huit ans, était présente à l'agonie du pauvre ouvrier. La vue du sang la glaça d'effroi; puis son cœur se gonfla et ses larmes coulèrent, quand on emporta le corps de la victime et lorsqu'elle entendit les gémissements de sa femme et de son enfant. Elle suivit son père dans la maison de ces infortunés. A partir de ce jour, la veuve Regnault et son fils devinrent les protégés de Pierre Vardouin. François entra comme apprenti chez le maître de l'œuvre. En nettoyant les outils, en préparant les mortiers, l'adolescent n'aurait gagné qu'un faible salaire si son patron ne l'eût récompensé plus largement en souvenir de ses malheurs. A part cette charité, Pierre Vardouin s'inquiétait fort peu de son apprenti, le croyant destiné, comme son père, à mener une vie obscure et laborieuse.

Une seule personne remarqua ses heureuses dispositions. C'était la petite Marie. Elle aimait à s'entretenir avec lui; elle lui racontait les belles légendes des saints qu'elle avait entendu raconter elle-même à sa mère, tandis que François façonnait de petites statuettes avec de la terre grasse ou dessinait sur le sable des cathédrales imaginaires. Rien n'était plus touchant que cette communication d'idées entre deux enfants si jeunes. Bientôt Marie, sur les instances de son ami, se décida à dérober quelques-uns des rares manuscrits de son père. Elle les lui remettait en secret. Une fois rentré chez lui, François les étudiait avec ardeur, devinant les passages difficiles à comprendre, tant son esprit avait de sagacité, et reproduisant les dessins et les figures de géométrie. Au bout de cinq ans, il les savait par cœur. Il critiquait déjà les travaux de son maître; il traçait des plans de fantaisie, appelant de tous ses vœux le moment où il commanderait à son tour. Il n'était encore que simple manœuvre ! Pierre Vardouin fut émerveillé des dispositions de son apprenti; sa facilité, ses connaissances le frappèrent d'étonnement. Un instant, il songea à lui confier ses ouvrages les plus délicats : ses tracés, ses modèles, ses épures; mais, à la réflexion, il eut peur. Il se garda bien d'encourager et d'aiguillonner ce talent naissant, qui déjà lui portait ombrage.

La confidence de Marie réveilla toutes les inquiétudes de Pierre Vardouin. François Regnault, son apprenti, son protégé, aimé de sa fille ! Cette pensée le faisait frémir. Pour peu que cette passion s'enracinât dans le cœur de son enfant, il voyait le jour où il serait obligé de céder à son désir. Son gendre alors deviendrait son rival; sa jeune renommée ferait pâlir son étoile. Il était grand temps de lui ôter toute espérance, en lui montrant l'inutilité de ses prétentions. Quant à Marie, il dirigerait son esprit vers d'autres idées. On mettrait en jeu sa vanité ; on lui ferait comprendre qu'elle ne devait pas avoir d'amours vulgaires et qu'elle pouvait prétendre aux plus beaux partis. En cherchant à se cacher ainsi la vérité, Pierre Vardouin en vint à se tromper de bonne foi. Tout en combattant, par un sentiment d'inquiétude personnel, les vœux de sa fille, il s'imagina travailler dans l'intérêt de son enfant bien plus que dans celui de sa présomption. Déjà il caressait la pensée d'une alliance avec un de ses anciens amis, Henry Montredon, alors employé aux premiers travaux de l'abbaye de Saint-Ouen.

Tandis que Pierre Vardouin roulait ces beaux projets dans sa tête, Marie sortait de l'office en compagnie de la veuve Regnault et de son fils. La pauvre veuve, fidèle à la mémoire de son mari, allait, tous les dimanches, prier sur sa tombe dans le cimetière du petit village de Norrey. Marie et François l'accompagnaient habituellement dans cette pieuse promenade. La mère pleurait en songeant à la fin malheureuse de son mari ; les deux jeunes gens folâtraient à ses côtés et se jetaient des fleurs. Celle-ci récitait la prière des morts, ceux-là pensaient à leurs amours et rêvaient le bonheur dans l'avenir.

Cependant, on était arrivé dans le cimetière de Norrey. Tous trois s'agenouillèrent avec respect près d'une humble croix de bois et prièrent du fond du cœur pour le pauvre ouvrier. Magdeleine, alors, fit signe aux jeunes gens de se lever.

— Allez, dit-elle ; votre âge n'est pas fait pour de longues douleurs. Laissez-moi prier seule et promenez-vous sous les grands arbres du bois sans trop vous éloigner.

Marie passa son bras sous celui de François. Ils s'éloignèrent lentement sous l'œil de la veuve qui, tout en priant pour le mort, demandait au ciel de leur faire la vie douce et facile. Gais et folâtres, il n'y a qu'un moment, les jeunes gens avaient dans leur démarche quelque chose de mélancolique. Le devoir, qu'ils venaient d'accomplir, avait touché leur esprit. Ou plutôt, purs comme des anges, une voix intérieure leur disait que, maintenant qu'ils avaient échappé à la surveillance de Magdeleine, ils devaient agir avec plus de réserve et réprimer les élans passionnés de leurs cœurs. En échangeant quelques paroles, à de rares intervalles, ils arrivèrent à l'entrée du bois. Ils en connaissaient déjà les moindres allées et, sans qu'ils se communiquassent leurs impressions, leur promenade les ramenait toujours vers un tertre vert, banc rustique dont la nature avait fait tous les frais et où les deux amants s'asseyaient sur un moelleux coussin de mousse.

Le site était ravissant et plein de fraîcheur. A deux pas de là, une petite source s'échappait de dessous terre, descendait, d'abord libre et dégagée de toute entrave, sur un terrain légèrement incliné, puis s'enfonçait en murmurant sous les buissons, comme si elle eût reproché aux herbes et aux jonquilles de lui barrer le passage. Plus loin, elle prenait possession de son lit et venait, brillant ruisseau, former de petites cascades sous les pieds des deux amants. Marie et François, les mains dans les mains, admiraient sans mot dire ce petit coin de la création qui, pour eux, valait tout un monde, puisqu'ils y trouvaient le charme d'un beau site et deux cœurs qui battaient l'un pour l'autre. Ils se plaisaient surtout à lancer dans le courant des mottes de terre ou des brins d'herbe, dont la chute faisait ballotter leur image à la surface, écartant ou rapprochant leurs figures, selon le caprice du flot.

— Pourquoi ne peut-on passer toute sa vie ainsi ? dit Marie en cueillant une rose sauvage aux branches d'un églantier.

François la regardait, d'un air rêveur, rouler dans ses doigts la tige de la rose.

— Savez-vous, Marie, dit-il en sortant de son extase, que vous êtes la cause de mes meilleures inspirations. Chacun de vos mouvements m'enchante et me fait penser. Le sourire de votre bouche, le scintillement de vos yeux, l'ondulation de vos cheveux, le frémissement de votre robe m'ouvrent un monde d'idées. En voyant cette rose entre vos mains, je ne goûte pas seulement le plaisir de vous contempler, je me rappelle comment un grand *maître* de l'antiquité inventa l'admirable chapiteau corinthien et je me dis qu'il ne me serait pas impossible d'attacher aussi mon nom à quelque découverte.

— Oui, interrompit Marie, vous pensez beaucoup à moi et encore plus à la gloire.

— La gloire ? je ne l'atteindrai jamais... Je

suis trop pauvre pour cela ! Je pensais cependant que le temps est venu de ne plus emprunter à la décoration orientale ses palmettes et ses fleurs grasses. Je pensais qu'en reproduisant les végétaux du pays, en découpant délicatement dans la pierre ces feuilles si fines, si élégantes, on ferait mieux que de l'art : on obéirait à la loi de Dieu, dont la main généreuse a si justement réparti entre tous les climats les productions capables de les embellir, et qui ne veut pas qu'on délaisse l'humble fleur de nos champs pour les plantes orgueilleuses de l'Orient. Quand nos pères commencèrent à élever des églises, ils furent bien obligés de chercher des modèles en terre étrangère. Les feuilles d'acanthe, les palmettes venaient naturellement couronner leurs colonnes massives. Ils s'essayaient, ils n'avaient pas encore trouvé la manière qui convient aux édifices religieux ; leurs arcades s'abaissaient lourdement sur la tête des fidèles et semblaient arrêter l'élan des âmes vers le ciel. Plus tard, on voulut plus d'espace, plus d'air, afin que les hymnes et les prières montassent plus librement au trône du Seigneur. Comment se fit ce changement? Comment les maîtres de l'œuvre obtinrent-ils ce progrès? En observant la nature. Voyez, Marie, comme ces grands arbres s'élèvent majestueusement au-dessus de nos têtes, comme ils se pressent, se rapprochent à leur sommet et entrelacent leurs dernières branches en forme de voûte. Et, plus loin, remarquez ce groupe de chênes rabougris, dont les troncs paraissent abandonner avec regret le sol qui les nourrit ; un cavalier passerait difficilement sous leurs rameaux et, d'où nous sommes, on pourrait les prendre pour un énorme buisson. Vous avez là tout le secret de notre art et de celui de nos pères : là des colonnes écrasées, des arcades en plein-cintre ; ici des fûts de colonnettes légères, des arcades élancées. Eh bien ! je vous demande s'il ne serait pas déraisonnable et contraire à la nature d'attacher des feuilles de palmier à ces arbres de notre pays, au lieu d'y suspendre des feuilles de saule, de lierre ou de rosier ?

Il y a des moments où la langue humaine, si riche qu'on la suppose, n'a plus assez d'images pour exprimer la foule de pensées et de sentiments qui vous assiégent. Le mieux alors est de s'abandonner à une vague rêverie, source de toute poésie pour les hommes d'imagination.

Le jeune homme cessa de parler. Ses yeux,

noyés dans l'infini, semblaient lire dans l'azur du ciel. C'est ainsi que devaient rêver Pythagore, quand il étudiait le vrai dans le monde physique; Virgile, quand il étudiait le vrai dans le monde moral. Marie le contemplait avec ravissement. Mais elle s'inquiéta bientôt de ce silence prolongé. Elle lui passa près du visage la rose qu'elle tenait encore à la main et dit en souriant :

— C'est à l'occasion de cette fleur que vous avez imaginé de si belles choses. Maintenant que vous vous taisez, si j'en cueillais une autre?

— Ne l'oubliez pas, Marie, reprit l'apprenti : vous êtes pour moi le principe des plus nobles pensées. L'homme possède en lui d'admirables facultés; mais tous ces trésors, si quelque hasard heureux ne les met au jour, sont exposés à rester éternellement cachés dans son âme. Il faut un rayon de soleil pour que le diamant brille et se distingue, par son éclat, de la pierre brute qui l'entoure. Vous avez été pour moi cette lumière bienfaisante. Auparavant, mon âme était remplie de ténèbres. J'ignorais ma puissance ; je ne savais pas ce qu'il y a en moi d'énergie, d'imagination, de courage. Ma mère m'avait appris à prier, et je ne me rendais pas compte de ce que peut être Dieu. Depuis, quand l'âge est venu, quand je vous ai connue, j'ai su pourquoi j'aimais ma mère et Dieu, pourquoi j'avais de l'intelligence. Et toutes ces notions me venaient de mon amour pour vous. Je vous voyais bonne et j'eus immédiatement l'idée d'une bonté supérieure à la vôtre : Dieu m'était révélé ! Je vous voyais belle, et j'eus l'idée d'une beauté plus parfaite encore : j'eus le sentiment du beau ! Je remarquai l'expression toujours variée de vos traits, la mobilité de vos pensées ; et je fus doué d'invention ! Les quelques manuscrits de votre père m'ont donné des connaissances ; vous, vous m'avez donné l'inspiration ! Vous êtes et vous serez le principe de tout ce que je ferai, de tout ce que j'imaginerai de grand et de beau !

Plus le jeune homme parlait, plus les mots se pressaient harmonieux et sonores sur ses lèvres. Il s'exprimait avec toute la force d'une âme libre et convaincue. Le sein de Marie se gonflait d'émotion. La voix de son ami frappait aussi doucement son oreille qu'une musique céleste.

— Si j'étais peintre, continua François, j'en-

tourerais votre front d'une brillante auréole et
je vous placerais entre la terre et les astres,
sur la route du ciel. Si j'étais sculpteur, je
n'aurais pas assez de ma vie pour reproduire
avec le marbre la finesse de vos traits, le
charme de votre sourire!

— Et moi, si j'étais reine, répondit Marie en
pressant avec effusion la main du jeune homme,
je vous demanderais de me construire un palais, non pas pour avoir une magnifique demeure, mais pour vous faire élever un monument qui dirait votre nom aux siècles futurs.
Car vous êtes grand, François! car vous méritez d'être illustre! et je...

Marie s'arrêta, rougissante. Ce mot charmant à dire, plus charmant à entendre, ce mot
si noble et tant de fois profané, que chaque siècle
prononce et qui ne mourra jamais, ce mot : je
t'aime! allait s'échapper de sa bouche. Mais
François l'avait deviné. Ivre de bonheur, il
approcha ses lèvres du front de la jeune fille.
C'était le premier baiser. Marie sentit un frisson de plaisir courir par tous ses membres. En
même temps, la sainte honte de la pudeur colora son visage; et la petite rose d'églantier,
qu'elle tenait à la main, semblait pâlir de ja-

lousie auprès de l'éclat de son teint. Marie n'avait pas opposé de résistance. Elle ne fit pas non plus de reproches, parce qu'elle n'était pas coquette et qu'elle aimait de toute la force de son âme. Elle était heureuse! pourquoi se plaindre? François éprouvait plus d'embarras que son amie. Il s'était détourné, plein de confusion et de regrets, s'accusant déjà de trop d'audace. Il ne savait comment trouver des paroles d'excuse, lorsque, en se retournant, il comprit à l'air souriant de Marie qu'il était pardonné. Il se rapprocha d'elle, et, prenant une de ses mains dans les siennes :

— Marie, dit-il, nous nous aimons. Nous pouvons nous le dire sans crainte aujourd'hui, parce que nous sommes trop jeunes pour être persécutés... Mais, plus tard, Marie, si l'on voulait nous séparer, trouveriez-vous la force de résister?

— Vous savez que je dépends de mon père, répondit tristement Marie.

— C'est cela! s'écria François d'une voix pleine d'angoisses. Entre moi, pauvre ouvrier, et vous, fille d'un maître de l'œuvre, il y a des barrières infranchissables! Et pourtant, je vous aime! Je sens que pour vous posséder je serais capable de tout au monde. J'ai de l'intelligence ? je la cultiverais, je l'agrandirais, je travaillerais, je travaillerais jusqu'à en mourir ! Mais ce sont des vœux inutiles. Esprit, courage, imagination, travail, tout cela n'est rien sans la naissance. Il me faudrait un titre, des châteaux, et je n'en ai pas ! Tant d'autres ont de l'or ! Pourquoi suis-je parmi les misérables ? Est-ce que je ne suis pas autant, peut-être plus que nos suzerains ? Est-ce que je ne pense pas ? Oh ! voyez-vous, quand ces idées me montent à la tête, je suis pris d'une haine immense contre les puissants de la terre. Je voudrais brûler les repaires de cette race d'oppresseurs ! Ou plutôt, — car je ne me sens pas né pour le meurtre, — je voudrais immortaliser ma vengeance par la pierre, en faisant grimacer au sommet de nos églises, sous la forme de monstres et de reptiles, les figures de nos tyrans !

Le jeune homme s'arrêta, haletant, à bout de forces, épuisé par l'émotion. Son regard lançait des éclairs de fureur, et les passions grondaient sourdement dans sa poitrine. Marie le considérait avec un sentiment de pitié et d'effroi.

— Est-ce encore moi, dit-elle, qui vous inspire ces paroles de haine et d'orgueil ?

— Ne me faites pas de reproches, répondit François. Je suis si malheureux !

— Pourquoi vous décourager ? Qui vous dit que Dieu ne viendra pas à votre secours ? Vous êtes malheureux ? Est-ce que je ne vous aime plus ? Les hommes vous dédaignent ?... Est-ce que mon père ne songe pas à vous ? Croyez-vous qu'il n'apprécie pas votre talent ?

— Vous aurait-il parlé de moi ? s'écria François, en interrogeant avidement la jeune fille de la voix et du regard.

— Vous savez, répondit Marie, que mon père commence à vieillir. Le travail le fatigue. Il sentira le besoin d'un aide jeune, intelligent...

— Mais je travaillerais sous ses ordres, reprit François. Je ne serais pas son égal ; il aurait le droit de me mépriser. Il me refuserait votre main !

— C'est le démon qui vous fait parler aussi méchamment, François. Prenez garde ! Vous avez de bonnes inspirations, mais l'orgueil vous perdra. Rappelez-vous l'histoire de Hugues. Il avait du génie, et l'ambition le conduisit à l'abîme. L'esprit du Seigneur l'abandonna ; il dépouilla l'habit monacal pour se jeter dans une vie de désordre. Dieu, pour le punir, lui envoya une maladie mortelle...

— Vous avez raison, Marie. Mais vous oubliez que la Vierge lui apparut au sommet de la croix. Le globe d'azur qui la dérobait aux regards s'ouvrit merveilleusement en deux parties, et, dans le milieu, on vit la Reine du Ciel sous des vêtements fins et ineffables. La mère de Dieu descendit le long de la croix en semant des étoiles sur sa route. Elle s'assit près du pécheur et lui rendit la santé... Vous êtes pour moi cette bienheureuse apparition. Vous avez fait briller l'espérance à mes yeux... Et avec l'espérance, le calme et le repentir sont entrés dans mon cœur.

En achevant ces mots, François se jeta aux genoux de Marie et demeura dans une muette contemplation. Quand il se releva, son visage était rayonnant. Mais, tout à coup, il poussa un cri de surprise et recula de plusieurs pas, jusqu'au bord du ruisseau.

### III

**Maître et apprenti.**

Un homme d'une taille élevée venait de paraître au-dessus du buisson d'églantier. Au cri de François, Marie s'était rapprochée instinctivement de son ami et appuyait sa main tremblante sur son épaule. L'étranger semblait s'amuser de leur effroi. Rien en lui cependant n'était capable d'exciter la terreur. Ses traits étaient sévères, mais un sourire bienveillant dessinait le contour de sa bouche. Une barbe longue et grisonnante, des cheveux qui se déployaient avec grâce sur son cou, après avoir laissé à découvert un front large et pensif, des yeux pleins de douceur, donnaient à sa physionomie un caractère de dignité et de bonté. A son bonnet de peluche, à son petit manteau, à sa robe courte, à ses chausses fines et collantes, François reconnut bientôt qu'il avait devant lui un maître de l'œuvre. Aussi s'inclina-t-il avec respect, quand l'étranger s'approcha, après avoir franchi d'un pied leste le banc de gazon.

— Pardonnez-moi, dit le maître de l'œuvre, d'avoir surpris vos confidences. Le hasard seul en est la cause. Ne craignez rien... je suis discret. D'ailleurs, ajouta-t-il en s'adressant à Marie dont les joues se coloraient du plus vif carmin, je n'ai rien entendu qui ne vous fasse honneur à tous deux ; et je trouve Pierre Vardouin très-heureux d'avoir une fille accomplie et un apprenti de si grande espérance.

Les deux jeunes gens se regardèrent d'un air étonné.

— Ne soyez pas surpris de m'entendre parler de Pierre Vardouin, reprit l'étranger en s'empressant de satisfaire leur curiosité. C'est un de mes anciens et — je puis le dire — de mes meilleurs amis. Je ne voulais pas quitter le pays sans aller lui serrer la main. Puisque le hasard vous a mis sur ma route, je compte sur vous pour me conduire chez mon vieux camarade.

Tous trois reprirent le chemin du petit village de Norrey.

— Si je ne craignais de blesser votre modestie, continua le vieillard en serrant cordialement la main de François, je vous dirais que votre manière d'apprécier notre art m'a vivement ému! Persévérez dans cette voie; habituez votre esprit à penser, à observer. Il y a beaucoup à faire encore dans l'étude que vous embrassez de si grand cœur. Le doute, cependant, s'est glissé dans votre âme. Vous vous plaignez d'être méconnu; votre patron ne sait pas vous apprécier. Attendez! je connais de vieille date le caractère de Vardouin; il est avare d'éloges, il n'est pas expansif, mais il est juste, et je parierais qu'il a déjà remarqué vos heureuses dispositions. Il est temps — j'en conviens — de placer dans vos mains le bâton du maître de l'œuvre et de vous donner des travaux à diriger. J'en fais mon affaire. Ainsi, plus de découragement. Ne vous lassez pas de marcher à la recherche du beau. Vous subirez de longues fatigues; mais vous arriverez enfin au but tant désiré, parce que vous possédez le courage qui triomphe des obstacles et l'inspiration qui fait les grandes choses!

Comme il achevait de parler, Magdeleine, inquiète de ne pas voir revenir ses enfants, se présenta devant eux au détour du sentier. L'étranger se chargea d'excuser les deux jeunes gens, en prenant sur lui la responsabilité de leur retard, et les quatre promeneurs se hâtèrent de gagner Bretteville. Comme Pierre Vardouin n'était pas encore rentré, ils s'arrêtèrent sous le porche de sa maison. A leurs gestes, à leur physionomie, il était facile de voir qu'une discussion venait de s'engager. L'étranger voulait retenir François et sa mère; Marie l'appuyait en l'encourageant du regard, car elle n'osait manifester librement le désir qu'elle avait de garder François à souper. Mais la pauvre veuve les remercia, les larmes aux yeux, prétextant que sa tristesse s'associerait mal à la joie des convives. François hésitait, partagé entre la crainte de laisser sa mère dans l'isolement et les vœux qu'il faisait pour passer encore quelques instants près de son amie.

— Je sais le moyen de tout arranger, dit l'ancien camarade de Pierre Vardouin en prenant le bras de l'apprenti. Nous allons, mère Regnault, vous reconduire jusqu'à votre porte. Peut-être vous déciderez-vous, dans le trajet, à accepter l'invitation que je me permets de vous faire au nom de mon vieil ami. En tout cas, je serai bien aise de parler un peu avec François. Cela donnera à Marie le temps d'apprêter le repas, et à son père celui de rentrer chez lui.

Marie applaudit à cette idée et entra dans la maison. Elle donna ses ordres à la domestique de son père; puis elle courut au jardin cueillir des fraises et des groseilles qu'elle disposa avec cet art merveilleux, avec cette poésie que les femmes savent apporter aux plus petits détails du ménage. Il était huit heures lorsqu'elle rentra dans la chambre du maître de l'œuvre, et le soleil, incliné à l'horizon, éclairait l'église de ses derniers reflets. La table, déjà dressée, attendait les convives. La jeune fille roula la chaise de réception — le meuble le plus soigné de l'appartement — près de celle de Pierre Vardouin. Restait à fixer sa place et celle de François.

Il était tout simple de rapprocher les escabeaux de la table. Mais une heureuse idée, une idée qui traverse la tête de tous les amoureux, sans qu'ils osent se l'avouer, changea sa résolution. Une chaise, un fauteuil conviennent, plus que tout autre meuble, aux vieillards. Ils y jouissent de toute la liberté de leurs mouvements et n'ont pas à se défendre contre l'empiétement de leurs voisins. Ce n'est pas là le compte des amants. Un canapé, un sofa répondent mieux à leurs désirs. Le rapprochement des pieds ou des mains, le frôlement du bras contre la robe, quelquefois des boucles de cheveux qui s'égarent et se confondent, autant de plaisirs, autant d'innocentes folies qui trompent la surveillance des vieux parents. On ne connaissait pas au treizième siècle l'usage des canapés et des sofas ; mais des bahuts, couverts de coussins, remplissaient le même rôle que ces inventions du luxe moderne.

Voilà comment Pierre Vardouin, revenu de sa promenade, surprit Marie s'épuisant en efforts inutiles pour déranger l'un de ces meubles.

— Que signifie tout cet emménagement? dit le maître de l'œuvre en se croisant les bras et en regardant sa fille de l'air le plus étonné du monde.

— Aidez-moi d'abord à placer le bahut près de la table. Tout va s'expliquer.

— Allons, puisqu'il le faut! dit Pierre Vardouin du ton d'un père habitué à satisfaire les caprices de sa fille.

— Maintenant, reprit-il en s'asseyant sur le bahut, m'expliqueras-tu ce que cela veut dire?

— Vous donnez à dîner.

— Et je ne connais pas mes convives? La chose est plaisante!

A cet instant, la vieille servante ouvrit la porte et vint placer sur la table deux plats copieusement garnis.

— C'est donc sérieux? dit Pierre Vardouin en prenant un ton sévère. Je gagerais que tu as invité François et sa mère, sans mon autorisation?

— Vous vous trompez : je n'ai invité ni François, ni sa mère. Voici ce qui s'est passé. En revenant de Norrey, la veuve Regnault et moi, nous avons rencontré un étranger qui nous a priées de le mener près de vous.

— C'est cela! tu m'amènes un inconnu, un vagabond peut-être?

— Ni l'un ni l'autre, dit le voyageur qui venait d'entrer dans la chambre avec François.

— Serait-il possible! s'écria Pierre Vardouin en pleurant de joie. Toi ici, Henry Montredon, mon ancien camarade!

— Moi-même! mon vieil ami, dit l'étranger en pressant avec effusion les mains du maître de l'œuvre. Des affaires m'appelaient à Caen. Je n'ai pas voulu quitter le pays sans embrasser mon bon Pierre Vardouin!

C'était plaisir de voir ces deux vieillards se donner de touchantes marques d'affection, après tant d'années d'absence. Marie et François s'étaient discrètement retirés au fond de la chambre pour les laisser tout entiers à leur bonheur. Ils auraient pu se parler, et pourtant ils gardaient un respectueux silence et considéraient cette scène avec attendrissement. Pierre Vardouin excitait en eux une surprise dont ils ne se rendaient pas compte. Ils étaient habitués à le voir triste et taciturne. Maintenant il s'abandonnait à tous les élans de la joie. Ses traits, ordinairement sévères, prenaient tous les tons dont s'éclairent les natures passionnées.

— Marie, François, allons donc, petits fainéants! s'écria Pierre Vardouin en remarquant pour la première fois l'immobilité de sa fille et de son apprenti. Courez tous les deux chercher du vin, du meilleur et du plus vieux! Courez vite et mettez, s'il le faut, la maison au pillage. Je veux fêter dignement le retour de ce cher Henry!

Les jeunes gens ne se le firent pas répéter. Ils descendirent quatre à quatre les marches de l'escalier et entrèrent dans le caveau. Quand ils en sortirent, ils s'arrêtèrent un instant pour reprendre haleine.

— Quelle heureuse rencontre nous avons faite là! dit François en retenant à grand'peine contre sa poitrine plusieurs bouteilles de grès.

Marie portait à la main une lampe à trois becs, qu'elle venait d'allumer.

— Mon père est d'une humeur charmante, dit-elle. C'est l'occasion de lui parler de votre avenir.

— Laissons agir mon nouveau protecteur. Oh! l'excellent homme! Vous ne sauriez imaginer, Marie, toutes les promesses qu'il m'a faites, toutes les consolations qu'il a données à ma mère. N'en doutez pas, il décidera mon patron à me tirer enfin de mon obscurité. Son plan est déjà fait. Il m'a recommandé seulement de ne pas le contredire.

— Espoir et prudence! dit Marie en ouvrant la porte de la chambre.

— Enfin! voilà de la lumière! s'écria Pierre Vardouin. Le jour commence à tomber, et je ne pouvais distinguer les traits de mon vieil ami.

— Ah! dame! fit Henry Montredon en souriant, je ne suis plus le robuste apprenti que tu as connu autrefois!... Nous n'avons pas perdu nos cheveux; mais ils sont devenus blancs.

— Bah! interrompit Pierre Vardouin, ce n'est pas encore l'hiver : il neige quelquefois en automne... La femme que tu choisirais ne serait pas si à plaindre! Car tu n'es pas marié, je suppose? ajouta-t-il en promenant un regard inquiet de sa fille à son ami.

— Flatteur! Si je voulais savoir la vérité, je n'aurais qu'à m'adresser à Marie...

— Nous oublions le souper, s'écria Pierre Vardouin, qui avait ses raisons pour ne pas continuer ce genre de conversation.

On se mit à table. Les deux maîtres de l'œuvre

s'assirent en face de l'église. Pierre Vardouin ne se lassait pas de la montrer à son ami, tandis que Marie et François, placés l'un à côté de l'autre sur le bahut, se parlaient à voix basse. Cependant le maître de la maison n'oubliait pas ses convives. Les coupes s'entrechoquaient avec un bruit agréable, au milieu des vœux qu'on formait pour l'avenir. Les visages étaient colorés d'une charmante animation. Les bons mots, les réparties, volant de bouche en bouche, se croisaient, se heurtaient et rebondissaient de l'un à l'autre, comme une balle dans la main des joueurs. C'était le vrai moment des confidences et des épanchements.

— Conviens, mon cher Vardouin, dit Henry Montredon, que tu es un homme heureux!

— Je l'avoue! je n'ai pas à me plaindre du sort.

— Tu as un trésor dans ta maison, continua Montredon en tournant la tête du côté de Marie; mais il ne faut pas en être avare...

— C'est-à-dire : est-ce que nous ne marierons pas cette adorable enfant? voilà ta pensée..; pas vrai? Eh bien! j'y ai déjà songé, dit Pierre Vardouin. Mais chut! reprit à voix basse le maître de l'œuvre; ma fille nous écoute... Il ne faut pas la faire rougir. Nous en parlerons plus tard.

— Ces deux enfants ont l'air de s'entendre à merveille, dit Montredon en souriant.

Puis il ajouta à haute voix :

— J'aime à voir les jeunes gens s'amuser ainsi... C'est plein de promesses pour l'avenir... Allons! buvons à la santé de Marie et de François !

Ces quelques mots renversaient tous les projets de Pierre Vardouin. Son regard haineux alla glacer d'effroi son apprenti. Au lieu de lever sa coupe à l'exemple des autres convives, il repoussa sa chaise en arrière avec colère. Mais, se ravisant aussitôt :

— Au fait, dit-il en serrant la coupe dans ses doigts, tu as raison, mon cher Henry. Je bois à la santé de François, qui te devra une reconnaissance éternelle... Je profite de ta présence pour le récompenser de ses services.

Les deux amants échangèrent un coup d'œil où se peignaient toutes les joies de l'espérance.

— A partir d'aujourd'hui, continua Pierre Vardouin, François n'est plus mon apprenti.

Le silence était si grand qu'on entendait distinctement la respiration des trois témoins de cette scène.

— Je l'élève, continua Pierre Vardouin avec un sourire ironique, à la dignité de... maçon !

Les trois coupes retombèrent avec bruit sur la table. Pierre Vardouin vidait la sienne d'un seul trait.

— Mon père !...
— Vous m'insultez !
— Vous plaisantez !

S'écrièrent à la fois Marie, François et Montredon.

— Je parle sérieusement, répondit Pierre Vardouin avec un calme affecté. Je ne peux, je ne dois rien accorder à François au delà de ses mérites. Je pense qu'il fera un bon ouvrier. Que demande-t-il de plus ? Il est aussi ignorant que mes tailleurs de pierre, et il voudrait déjà tenir dans sa main le compas du maître de l'œuvre. Quand on a de si hautes prétentions, il est au moins nécessaire de les justifier et de donner des preuves de talent !

— Me l'avez-vous seulement permis ? M'en avez-vous fourni l'occasion ? s'écria François, qui, malgré les efforts de Marie, s'était dressé de toute sa hauteur et regardait son patron avec une audace dont on l'aurait cru incapable.

— Le drôle ose me répliquer! dit Pierre Vardouin en essayant de se lever.

Henry Montredon le retint cloué à sa chaise.

— Vous me reprochez mon ignorance? continua François, dont l'indignation ne connaissait plus de bornes. Vous me demandez des preuves de talent? Eh bien! je veux vous montrer ce que je sais faire. Je veux vous dire comment je traiterais le sujet que vous devez sculpter sur les portes de l'église. Jetez donc un coup d'œil sur ce modèle, ajouta-t-il en désignant du doigt un panneau en terre glaise appuyé contre la muraille, dans un coin de la chambre. Comme symbole de la musique, vous représentez David jouant du luth aux pieds de Saül. Maintenant voici mon idée, et je la soumets au jugement de votre vénérable ami.

— Je te défends de parler! s'écria Pierre Vardouin.

— François, disait Marie, au nom de notre amitié, gardez le silence... Mon père ne se connaît plus!

Mais le jeune homme ne l'écouta pas.

— Comme l'air est la source du son, dit-il, je le représenterais sous la forme d'un homme à puissante stature, avec une figure belle comme celle du Christ. Il aurait dans ses mains les têtes de l'Aquilon et de l'Eurus ; sous ses pieds, celle du Zéphyr et de l'Auster ; à ses côtés, Arion et Pythagore ; entre ses jambes, Orphée : c'est-à-dire les trois grands musiciens de l'antiquité. Les Muses achèveraient l'ensemble en formant un cercle autour de son corps. Voilà mon projet. Je cours en chercher le dessin, si vous désirez le comparer au modèle de mon maître.

Le jeune homme se disposait à sortir.

A cet instant, Pierre Vardouin crut remarquer sur la physionomie de Montredon des signes d'admiration. La jalousie le mordit au cœur. Il s'échappa des mains de son ami et, s'élançant sur François, il lui imprima sur le visage une de ces flétrissures dont la dignité humaine doit toujours tirer vengeance.

François poussa un cri de fureur. Son premier mouvement fut de saisir une bouteille, qu'il brandit au-dessus de sa tête. Mais, plus prompte que l'éclair, Marie se précipita devant son père.

— Frappez-moi ! dit-elle en s'adressant à François.

Le jeune homme trembla comme un enfant. Il

laissa tomber le projectile sur le plancher et s'élança hors de la chambre.

## IV

>Vérité est, et je le di
>Qu'amors vainc tout et tout vaincra,
>Tant com cis siècle durera.
>
> Henry d'Andely.

François était dans un véritable délire. Il parcourut le village en se frappant le front avec des gestes de désespoir. Quelques personnes qui le rencontrèrent eurent pitié de son état et lui offrirent de le ramener chez sa mère. Mais la vue des hommes lui était à charge, et, sans rien répondre, il s'enfonça dans le premier chemin qui s'offrit à lui, sans but, sans réflexion, en proie à une fièvre dévorante, désirant à tout prix la solitude.

La lune inondait la campagne d'une douce lumière. Il aperçut bientôt, à peu de distance, le bois témoin de ses amours. Le hasard — peut-être l'habitude — avait conduit ses pas vers le lieu ordinaire de ses promenades. Il entra sous les grands arbres, se laissa tomber près du banc de gazon sur lequel il s'était assis le jour même avec Marie et s'abandonna à tout l'excès de sa douleur, s'exagérant, comme tous les malheureux, la portée du coup qui venait de le frapper. Il se releva soudain, tout pâle, tout défait, et ne sortit du bois que pour commencer à travers champs une course insensée. Le désespoir, la colère, les mille passions qui l'agitaient avaient surexcité ses forces, au point qu'il semblait rire des obstacles et franchissait d'un pied sûr les fossés les plus larges et les haies les plus élevées. Après avoir couru ainsi pendant plus d'une heure, il fut tout surpris de se retrouver à l'entrée de Bretteville. Alors seulement il pensa à sa mère. Mais il craignit de l'effrayer en se présentant subitement devant elle, et cette crainte allait sans doute lui faire rebrousser chemin, lorsque l'idée lui vint qu'elle était peut-être endormie. Cet espoir le décida à rentrer pour prendre du repos; car il se sentait à bout de forces et de courage. Il s'approcha donc de la maison et prêta l'oreille; tout était silencieux. Il poussa doucement la porte; la lampe brûlait encore, et sa mère, agenouillée dans un coin de la chambre, priait pour lui. Magdeleine l'avait entendu ; elle se retourna ; sans lui donner le temps de se lever, François se jeta dans ses bras. Jusque-là, il n'avait pas versé une seule larme. Maintenant les sanglots déchiraient sa poitrine. Il pleura longtemps ainsi sur le sein de sa mère.

— Oh ! comme je souffre, ma mère, dit François en s'affaissant sur un escabeau.

Alors seulement la pauvre femme s'aperçut de la pâleur de son fils et du désordre de ses vêtements.

— Mon Dieu ! dit-elle, que t'est-il arrivé ? Ton front est couvert de sueur, tes joues sont pâles, comme si tu allais mourir. Tu n'es pas querelleur pourtant, et je ne te connais pas d'ennemis...

— Je n'ai pas été blessé, dit François, et cependant je souffre plus que si j'étais à mon dernier moment. Je souffre là ! reprit-il d'une voix perçante en prenant la main de sa mère et en la plaçant sur son cœur.

Puis il baissa la tête et retomba dans un morne silence.

— Parle-moi, dit Magdeleine. Que puis-je faire pour te soulager ? Je t'aime tant que je trouverai bien le moyen de te consoler. Mais

9.

— pour l'amour du ciel! — ne me regarde pas ainsi fixement, sans me répondre!

— Nous sommes perdus, ma mère! nous sommes sans ressources! répondit sourdement François!

— Ne sommes-nous pas habitués à la misère? dit Magdeleine en souriant tristement.

— C'est vrai, interrompit François dont les yeux brillèrent d'un vif éclat; mais nous avons toujours eu du pain, et nous allons en manquer!

— Comment cela? s'écria Magdeleine au comble de l'inquiétude; n'es-tu pas plein d'ardeur au travail?

— Et si je n'ai pas d'ouvrage?

— C'est mal, ce que tu dis là, François! tu devrais mieux reconnaître les bienfaits de Pierre Vardouin.

— Oh! ne me parlez pas de cet homme! s'écria François avec un geste de colère. Il m'a insulté, insulté devant son ami, devant Marie! Je ne veux plus reparaître devant lui, car je serais capable de le tuer. D'ailleurs, ne m'a-t-il pas chassé ignominieusement de chez lui!

Et le jeune homme raconta rapidement tout ce qui s'était passé au souper de Pierre Vardouin : sa querelle avec le maître de l'œuvre et les circonstances qui l'avaient amenée.

— Il est encore possible de le fléchir, dit Magdeleine en s'avançant vers la porte. Si j'allais me jeter à ses pieds, lui demander ton pardon ?

— Ne le faites pas, ma mère! dit François en étreignant fortement les mains de Magdeleine dans les siennes... Vous me feriez mourir de honte !

— Ecoute François ! reprit la pauvre femme. Si tu as encore quelque amour pour moi, tu refouleras bien loin dans ton cœur ces sentiments d'orgueil qui ne conviennent pas à de pauvres gens comme nous, obligés de vivre de leur travail. Vois, dit-elle en faisant tomber quelques pièces de monnaie de son escarcelle, voilà tout ce qui nous reste : à peine de quoi vivre une semaine ! Ce n'est pas pour moi que je parle. Je ne me plains pas. Mais je voudrais te savoir heureux ; je voudrais te voir triompher d'un moment de découragement. Allons, mon fils, de l'énergie, et souviens-toi que si le devoir du riche est dans la charité, celui du pauvre est dans le travail.

— Le travail ! le travail ! répéta François en

redressant fièrement la tête, c'est ce que je demande au ciel ! Car je ne suis pas de ceux-là — Dieu merci ! — qui se croisent les bras et se complaisent dans une vie d'oisiveté. J'ai de la force, du courage, je suis jeune et je veux travailler pour vous, ma mère. Mais ne me forcez pas à croupir dans Bretteville. Pierre Vardouin m'a fermé l'entrée de son chantier ? Eh bien ! j'irai chercher fortune ailleurs. Je ferai comme tant de maîtres de l'œuvre qu'on voit courir le monde, offrant leurs services à qui les veut bien payer.

— Tu consens donc à abandonner ta mère ?

— Non pas, vous me suivrez ; je vous rendrai tous les soins dont vous avez entouré mon enfance. Et vous serez heureuse, car j'aurai de l'or ; et vous serez fière, car j'aurai de la gloire !

Les yeux de Magdeleine étaient tournés vers le ciel. Deux grosses larmes roulèrent sur ses joues, tandis que ses lèvres s'agitaient faiblement, comme si elle eût adressé à Dieu une fervente prière.

— Vous pleurez, ma mère ? dit François.

— J'espérais, répondit tristement Magdeleine, mourir à Bretteville et reposer près de la tombe de mon mari.

— Je vous promets de revenir tous les ans au pays. Vous pourrez alors accomplir votre pieux pèlerinage de Norrey. Allons, ma mère, repoussez à votre tour ces funèbres pensées. Voyez, j'ai presque oublié l'insulte de Pierre Vardouin et je me sens plein d'ardeur, depuis que j'ai pris une forte résolution. Avec l'argent qui nous reste, nous irons à Caen. J'y trouverai de l'ouvrage et nous commencerons bientôt notre tour de France. Un coup de main, ma mère ; vous serez plus habile que moi à empaqueter mes vêtements.

— Volontiers, puisque c'est ta volonté bien arrêtée, soupira Magdeleine.

Et le fils et la mère commencèrent leurs préparatifs de voyage.

Après la brusque sortie de François, Marie, qui connaissait le caractère irritable de son père, se décida à quitter la chambre sans avoir essayé de justifier son amant ou du moins d'implorer son pardon. Cette résolution lui coûtait cher, car elle se sentait bonne envie de se jeter aux genoux de Pierre Vardouin et de donner un libre essor à sa douleur. Mais elle pensa que son père pourrait lui reprocher plus tard, en rougissant, d'avoir été témoin de son honteux emportement. Cette crainte l'emporta sur son émotion. Elle refoula ses larmes et, avant de sortir, elle tourna ses yeux humides du côté d'Henri Montredon, comme pour lui demander son assistance. Le vieillard lui sourit avec bonté et répondit par un coup d'œil expressif qui voulait dire, à ne s'y pas tromper : Courage ! je sauverai tout.

Quand elle se trouva sur le palier de l'escalier, Marie se demanda si elle rentrerait dans sa chambre ; mais son hésitation s'envola, plus rapide que l'oiseau dont on ouvre la cage. Elle s'arc-bouta des deux mains contre la muraille, appuya son oreille contre la porte et retint sa respiration, de manière à ne rien perdre de ce qui allait se dire dans la chambre de son père.

La pauvre fille n'avait certes pas le vilain défaut que Walter Scott impute, à tort ou à raison, à toutes les filles d'Ève. Elle n'était pas curieuse. Mais elle venait d'entendre son nom et celui de François. C'était son jugement qu'on allait prononcer ; et, de tout temps, on a permis à l'accusé d'assister aux débats qui décident de son sort.

Pierre Vardouin marchait à grands pas d'un bout de la chambre à l'autre.

Montredon, encore assis devant la table et appuyé sur un de ses coudes, suivait des yeux la pantomime furieuse du maître de l'œuvre. Il déplorait la jalousie de son ancien camarade. Il voyait son emportement avec dégoût. Et cependant il n'était plus maître de son envie de rire, dès que la colère de Pierre Vardouin se manifestait par un geste ridicule ou par un éclat de voix pareil à une fausse note.

Nous sommes ainsi. Commençons-nous à lire dans le cœur humain ? Sommes-nous initiés à ses plus sombres mystères ? nous plaignons nos semblables et nous en rions. Il n'y a pas d'autre secret au drame ; et celui-là seul est méchant, qui ne plaint jamais et qui rit toujours.

— François ! François ! répétait sans cesse le maître de l'œuvre, maudit soit le jour où je t'ai ouvert pour la première fois la porte de ma maison !

Henri Montredon savait par expérience qu'il en est de la colère de l'homme comme de celle des torrents. Opposez-leur un obstacle ; aussitôt les eaux s'y brisent avec impétuosité. Puis elles se divisent en une foule de petits courants qui perdent de leur force à mesure qu'ils s'étendent sur un terrain plus large.

— Voilà une superbe colère! dit-il en plaisantant. Seulement, je me demande comment François peut en être la cause?

Pierre Vardouin s'arrêta brusquement et, se croisant les bras devant Montredon avec ce geste intraduisible d'un homme qui croit répondre à une grosse absurdité :

— Pourquoi je suis irrité contre François? dit-il d'une voix éclatante... Mais le bienfaiteur qui se voit payé d'ingratitude; le maître, dont la science est mise en doute par l'élève; le père, dont la fille est compromise par un homme sans honneur, tous ces gens-là ont-ils le droit de s'emporter? En vérité! il faudrait avoir la patience d'un ange...

— Pour t'écouter plus longtemps, dit Montredon en bâillant à se briser la mâchoire. Bonne nuit!

Il se leva, tout en parlant ainsi, et fit plusieurs pas vers la porte. Pierre Vardouin l'arrêta par le bras.

— Enfin, dit-il, tu conviendras toi-même que François est trop jeune pour qu'on en fasse un maître de l'œuvre?

— Certainement, répondit Montredon en se frottant les yeux.

— Que j'ai bien fait de lui interdire l'entrée de ma maison ?

— É-é-vidém-em-ment ! balbutia le défenseur de François.

— Que d'ailleurs il est complétement incapable ?

— Ou-ou-i.

— Que ma fille est d'un trop haut rang ?...

— Ouf !

— Pour épouser un si pauvre hère ?

Cette fois, Montredon répondit par un ronflement bien caractérisé.

— Il dort, l'imbécile ! s'écria Pierre Vardouin en le secouant vigoureusement par les épaules.

La colère du maître de l'œuvre avait changé de cours, grâce au système de *barrage* d'Henri Montredon. Le rusé vieillard n'eut pas de peine à sortir de son faux assoupissement.

— Je suis accablé de sommeil, dit-il, et cependant j'avais à te communiquer des choses du plus haut intérêt. Tu n'as pas deviné le but de mon voyage dans ce pays ?... Allons, tu frémis encore !... A demain les confidences.

— Il n'est pas tard, s'écria Vardouin en cherchant à le retenir.

— Peut-être m'a-t-on récompensé au-delà de

mes mérites, poursuivit Henri Montredon qui joignait la finesse d'Ulysse à l'expérience de Nestor...

— Tu occupes un poste éminent? demanda Pierre Vardouin vivement intrigué.

— Il est certain que je jouis d'une grande influence...

— Vraiment?

— Et que je puis être utile à mes anciens amis.

— Tu as toujours aimé à rendre service.

— Si tu me fais des compliments, je m'échappe, je vais dormir!

— Sois donc raisonnable, dit Pierre Vardouin: laissons aux petites filles le soin de se mettre au lit dès que le soleil a quitté l'horizon. Asseyons-nous devant cette table. Tu ne refuseras pas de trinquer avec un vieux camarade qui, moins heureux que toi, n'a pas rencontré la gloire sur son chemin.

— Dis: plus modeste.

— Il est vrai que j'aurais pu, comme tant d'autres, offrir mes services à quelque riche abbaye.

— Mais tu as préféré l'obscurité au grand jour, le village à la grande ville.

— J'ai renfermé en moi-même mes faibles talents.

— Et personne n'est venu leur ouvrir ?

— On s'en repentira peut-être, répondit fièrement Pierre Vardouin.

— On s'en est même déjà repenti, dit Montredon en souriant.

— Que veux-tu dire ?

— Je suis employé, comme tu le sais, aux travaux de l'abbaye de St-Ouen. Dernièrement, le révérend père abbé me fit appeler près de lui. « Henri Montredon, me dit-il, je n'ai jamais douté de votre discrétion et de votre dévouement. Il n'est donc pas surprenant que je vous aie choisi pour une mission secrète... » Je reçois l'ordre de partir sans retard. J'arrive à Caen, où je passe deux jours, et me voilà à Bretteville.

— On avait entendu parler de l'église que je construis ? dit Pierre Vardouin.

— Sans doute.

— Et alors ?... demanda le maître de l'œuvre, avec un étranglement dans la voix.

— Alors... il a été décidé que l'on en construirait une autre à Norrey. L'abbé n'a pas voulu que cette succursale de St-Ouen fût moins bien traitée que le village de Bretteville.

— C'est folie, reprit Pierre Vardouin, de construire deux églises dans un si petit espace. L'une fera tort à l'autre.

— A ce point de vue, la tienne n'a rien à craindre.

— J'ose m'en flatter. Mais, si l'on continue sur ce pied-là, nous verrons bientôt plus de clochers que d'habitants dans le pays.

— J'exécute les ordres de mon supérieur.

— Et tu vas commencer les travaux ?

— Non pas. Je viens seulement choisir un entrepreneur. J'ai songé à toi, et me voilà.

Vardouin était rayonnant. Il lui était doux de penser qu'il aurait encore une fois l'occasion de mettre ses talents en lumière.

— Ainsi, dit-il avec une certaine timidité, tu as songé à moi pour la construction de cette nouvelle église?

— Non, mon cher ! non ! pas précisément.

Pierre Vardouin fit trembler le plancher sous ses pieds, et le sang lui monta au visage.

— Tu ne veux pas te railler de moi? dit-il avec colère.

Henri Montredon ne répondit pas et laissa passer l'orage. Jusque-là, il avait dirigé l'entretien suivant ses désirs, ménageant les emportements de Pierre Vardouin avec le calme d'un auteur dramatique qui noue et dénoue, suivant son caprice, les fils de son intrigue. Mais la pièce devenait sérieuse ; il eut un moment d'inquiétude et d'hésitation.

Pierre Vardouin avait étudié avec lui le grand art des maîtres de l'œuvre. Pendant trois ans ils s'étaient coudoyés dans les mêmes chantiers ; ils avaient mis leurs plaisirs et leurs chagrins en commun ; ils se confiaient leurs projets, se disaient leurs espérances. Refuserait-il maintenant à son ancien camarade une légère satisfaction d'amour-propre? Il n'avait qu'un mot à dire pour le voir sauter à son cou et pleurer de joie. D'un autre côté, qui pouvait lui répondre des moyens de François Regnault, à qui il commençait à penser sérieusement pour lui confier la direction des travaux de Norrey? Le jeune homme avait de l'enthousiasme, mais il manquait d'expérience; il n'avait pas encore fait ses preuves. Les sentiments d'Henri Montredon allaient de François à Pierre Vardouin qui semblait, en dernière analyse, être sur le point de faire pencher la balance de son côté, lorsqu'un sanglot de Marie, entendu seulement de

Montredon, vint tout à coup terminer ce combat intérieur en faveur de François.

— Elle l'aime, se dit-il ; son père est vieux et n'a plus longtemps à vivre ; il est juste que sa vanité se taise devant le bonheur de sa fille.

Pierre Vardouin s'était levé et avait recommencé sa promenade furieuse. C'était le moyen qu'il employait d'ordinaire pour dissiper ses emportements. Henry Montredon l'arrêta au passage en lui appliquant familièrement la main sur l'épaule.

— Pierre Vardouin, lui dit-il, consentirais-tu, pour tout l'or du monde, à faire quelque chose de nuisible à ta réputation ?

— Non, par Saint Pierre, mon patron !

— Ecoute-moi alors... Le maître de l'œuvre de Saint-Ouen m'a fait mander qu'il connaît le but secret de ma mission et qu'il saura bien me perdre, si je confie la construction de l'église de Norrey à un homme de talent. Il est jaloux ! Comprends-tu maintenant pourquoi je ne t'ai pas proposé cette affaire ?

— Merci ! s'écria Pierre Vardouin en serrant énergiquement la main de son ancien camarade ; merci ! cela me fait du bien de savoir que mon clocher de Bretteville n'aura pas à craindre la comparaison.

— J'ai donc besoin d'un homme incapable, continua Henri Montredon... Où le trouver ?

— Je ne sais.

— La chose n'est pas rare cependant. Dans tous les cas, un homme inexpérimenté ferait bien mon affaire... J'ai pensé à François.

— Un enfant ! s'écria Pierre Vardouin.

— C'est justement ce qui m'en plaît.

— Il fera absurdités sur absurdités !

— Tant mieux.

— Il est d'un entêtement à toute épreuve !

— A merveille !

— Il n'écoutera aucun conseil.

— Bravo !

— Il est même capable de montrer du talent, pour nous contredire.

— Pour cela, je l'en empêcherai bien.

— Comment ? demanda Pierre Vardouin.

Il y avait, dans la manière dont ce mot fut accentué, une telle inquiétude, un aveu si naïf du mérite de François, que Henri Montredon ne put s'empêcher de sourire.

— Tu n'ignores pas, dit-il, que François ferait tout au monde pour obtenir la main de ta fille ?

— Il ne l'aura jamais !

— On peut la lui promettre.

— Quitte à ne pas tenir?

— Pardon. Mais on lui fixera pour terme de son attente le jour où la croix...

— Couronnera la pyramide du clocher de Norrey?

— C'est cela même!... Comprends alors son ardeur à conduire les travaux, à presser les ouvriers. Laisse agir sa passion, et sois assuré qu'il ne prendra pas le temps de construire un chef-d'œuvre.

En achevant ces mots, Henry Montredon sortit, laissant le maître de l'œuvre tout étourdi de cette étonnante confidence.

Derrière la porte, il trouva Marie.

— Eh bien, lui demanda-t-il en souriant, je suppose que vous avez tout entendu... Êtes-vous contente?

— Pas plus que ne le serait François, s'il eût été à ma place.

— Est-ce ainsi que vous reconnaissez mon dévouement?

— Quand on aime vraiment quelqu'un, répondit Marie d'une voix ferme, on le défend; mais on ne le dégrade pas, en le mettant dans une situation d'où il ne peut sortir qu'avec honte et déshonneur.

— Il fallait bien mentir un peu...

— On n'a pas besoin de mentir lorsqu'on se fait l'avocat d'une bonne cause, dit noblement Marie. Et moi qui aime François de toutes les forces de mon cœur, non-seulement je lui refuserais ma main, mais encore je ne lui accorderais pas un regard de pitié, s'il devait oublier, en faisant un marché indigne, ce qu'il doit à Dieu et à son art.

Et Marie s'enfuit, toute rouge d'indignation, à la pensée du rôle humiliant qu'on voulait faire jouer à François.

Le lendemain, le soleil se leva radieux à l'horizon. L'espace qu'il allait parcourir s'étendait devant lui, pur et libre de tout nuage. Il semblait que le ciel eût voulu célébrer sa bienvenue en écartant tout ce qui pouvait nuire à son éclat.

Lorsque François se réveilla, ses yeux furent éblouis par un rayon de soleil qui, après avoir traversé la fente d'un des contrevents, venait se briser au-dessus de son lit contre la muraille. Il sauta à terre, presque honteux de sa paresse, s'habilla lestement et courut ouvrir la fenêtre.

Une brise tiède et chargée d'aromes pénétra dans l'appartement. Le jeune homme aspira avec force cet air vivifiant.

— La belle matinée! s'écria-t-il en promenant lentement son regard sur l'azur du ciel.

— Hélas! la journée ne lui ressemblera pas! dit tristement la mère de François, qui s'était approchée sans bruit.

François saisit les mains de sa mère dans les siennes. Dieu sait seul ce qu'il y eut de regrets, de douleur dans ce serrement de mains et dans le regard qu'ils échangèrent tous les deux. Cette nouvelle émotion allait peut-être ébranler la résolution du jeune homme. Ses rêves d'avenir, ses projets de voyage, le mystère d'une vie inconnue, tout cela n'avait plus pour lui le même charme qu'au moment de la colère. Il sentait tout ce qu'il allait perdre. Il ne voyait pas ce qu'il allait gagner. Il repassa rapidement dans sa mémoire les événements de la soirée. La conduite de Pierre Vardouin ne lui paraissait plus aussi odieuse que la veille. Il se reconnaissait même des torts. Mais, pour rien au monde, il n'eût consenti à faire les premières avances. La perspective d'une telle humiliation lui rendit toute son énergie. Il s'approcha du havre-sac qui contenait ses vêtements et ceux de sa mère. Il le jeta sur son dos, empoigna le bâton dont son père se servait quand il se mettait en route et, prenant sa plus grosse voix, afin de dissimuler son envie de pleurer :

— Ma mère, dit-il, voici l'heure où les travailleurs se rendent aux champs. Il est temps de partir.

La veuve se cacha la tête dans les mains.

— Partons, ma mère! reprit François d'un ton moins assuré.

La pauvre femme ne répondit pas; elle éclata en sanglots. Son fils lui tendait la main droite, tandis que de l'autre il retenait ses larmes.

— Mère, dit-il tout bas, de manière à ne rien laisser voir de la douleur qui le suffoquait, venez-vous?

— Quoi! vous partez sans moi? dit une voix douce comme celle qu'on prête aux anges.

François et sa mère, dans leur foi naïve, crurent en effet que, touché de leur douleur, le ciel leur envoyait un de ses messagers.

Ils se retournèrent et, surpris, reconnurent Marie.

La jeune fille était encadrée dans la baie de la porte, au milieu de la vigne vierge, dont les feuilles laissaient percer de place en place quelque joyeuse petite fleur de clématite. Elle était rayonnante de beauté. Placée ainsi, elle ressemblait, s'il nous est permis d'emprunter notre comparaison à une époque plus rapprochée de nous, à ces portraits de jeunes femmes, que les artistes du dix-huitième siècle se plaisaient à entourer de guirlandes de fleurs.

Marie se jeta dans les bras de la veuve Regnault.

— Méchants! disait-elle en pleurant, méchants qui vouliez abandonner votre petite Marie!

François était resté sur le seuil de la porte. Tout à coup il poussa un grand cri et rentra précipitamment dans la chambre.

— Qu'y a-t-il? demandèrent les deux femmes.

— Pierre Vardouin! s'écria François hors de lui. Il s'avance de notre côté.

— Quel malheur si mon père me surprenait ici! dit Marie.

— Venez! lui dit la veuve Regnault.

Elle l'entraîna dans la chambre voisine.

Lorsqu'il vit le maître de l'œuvre entrer d'un pas résolu dans la maison, François porta instinctivement la main à son cœur, comme pour en comprimer les battements. Il était trop jeune, et ses passions étaient trop vives pour que son émotion échappât à un œil aussi exercé que celui de Pierre Vardouin. L'attitude de l'apprenti n'exprimait pas le défi; mais elle était pleine de noblesse et de fierté. Il se découvrit, par respect pour les cheveux blancs du maître de l'œuvre, et garda le silence. Il attendait une explication. Pierre Vardouin comprit qu'il n'obtiendrait rien du jeune homme, s'il ne lui adressait pas les excuses auxquelles il savait, d'ailleurs, qu'il avait droit. Il s'avança donc à sa rencontre en lui tendant la main.

— François, dit-il, l'offense était grave, — je le sais, — mais irréfléchie. Voici la main qui vous a frappé. Voulez-vous la serrer, comme celle d'un ami qui reconnaît ses torts?

Le jeune homme répondit par une étreinte cordiale, mais tout en conservant une certaine retenue et sans manifester d'étonnement. Cette froideur déplut au maître de l'œuvre.

— Garderais-tu un vieux levain de rancune contre moi? demanda-t-il.

— Dieu m'en préserve! dit François. Seulement j'ai peine à croire que je doive la visite de Pierre Vardouin à un but désintéressé. J'attends donc l'explication de sa démarche.

— Tu as vraiment une pénétration remarquable pour ton âge, François. Parlons donc franchement. Veux-tu rentrer dans mon chantier?

— Non! répondit François avec fermeté. Vous me rendez votre amitié, et je vous en suis reconnaissant. Mais quant à travailler sous vos ordres, jamais!... Voyez plutôt, ajouta-t-il en montrant son havre-sac et son bâton de voyage, je me disposais à partir.

Un éclair de joie illumina le visage sévère de Pierre Vardouin.

— Au fait! se dit-il, si je laissais s'envoler l'oiseau, je n'aurais pas la peine de fermer sa cage. Il emporterait avec lui tous les soucis dont il était l'occasion.

Mais une réflexion le ramena à sa première idée. Si François quittait le pays, Henri Montredon choisirait peut-être quelque habile entrepreneur, dont l'amour-propre tiendrait à surpasser la renommée de Pierre Vardouin. Au contraire, s'il obtenait pour François la direction des travaux de Norrey, il exercerait sur lui une influence toute-puissante. Il l'écraserait sous ses pieds, plutôt que de permettre à son talent de se déployer.

— Tu tiens à ton indépendance? reprit-il en s'adressant au jeune homme.

— Je suis lassé d'obéir.

— Et si tu commandais à ton tour?

— Oh! cela n'arrivera jamais!

— Plus tôt que tu n'oserais l'espérer.

— Vous vous jouez de moi... Cela n'est pas sérieux?

— Tellement sérieux que je viens t'offrir le bâton de maître de l'œuvre.

— Quoi! s'écria François, le front rayonnant d'espérance, je conduirais des ouvriers, je construirais des églises! Tous mes rêves, toutes les belles choses que j'ai conçues, que j'ai méditées, je pourrais leur donner une forme, leur donner la vie, les soumettre au jugement des autres? Je me ferais un nom, je serais assez grand pour qu'on ne me refusât pas la main de Marie!... Mais non! cela n'est pas vraisemblable, cela est impossible, je ne suis qu'un insensé; et vous-même, vous ne pouvez vous empêcher de rire de ma folie!

— Tu as si bien ta raison, et tout ce que je te dis est si bien l'expression de la vérité que voilà Henri Montredon...

— Tout prêt à vous saluer du titre de maître

de l'œuvre, dit le nouveau venu en entrant.

— Ah! s'écria François.

Il ne put trouver une parole; mais il tendit la main à son protecteur et le remercia par un regard éloquent.

— J'espère que tu nous construiras une belle église, dit Montredon en lui frappant amicalement sur l'épaule.

Il lui expliqua en peu de mots ce dont il s'agissait.

— Oh! répondit François, je vous ferai quelque chose de beau!

— Songe, interrompit Pierre Vardouin, que tu n'auras qu'un bref délai pour construire ton église.

— Combien de temps?

— Je ne sais au juste, répondit Pierre Vardouin assez embarrassé du silence d'Henri Montredon... Mais... tu aimes Marie?

— Plus que la gloire!

— Eh bien, je te l'accorderai en mariage...

Le jeune homme tomba aux genoux du maître de l'œuvre.

— Le jour où l'on posera la dernière pierre de l'église de Norrey.

— Cependant, dit François, je ne puis sans un temps raisonnable...

— Si tu aimes vraiment ma fille, tu hâteras les travaux, tu presseras les ouvriers. Rien n'est impossible à l'amour. D'ailleurs je ne reviens pas sur ma parole. Voilà mes conditions !

— Et voici les miennes ! dit Marie d'une voix assurée en entrant dans la chambre avec la veuve Regnault.

Pierre Vardouin devint horriblement pâle. Il voulut saisir sa fille et l'entraîner. Mais elle glissa dans ses doigts, courut vers François, le prit par la main et le conduisit devant un Christ en pierre attaché à la muraille. Les spectateurs de cette scène étaient sous le coup d'émotions si violentes, que pas un d'entre eux ne trouva la force d'exprimer sa colère, son étonnement ou son admiration.

— Voyez-vous cette image du Sauveur? dit Marie en montrant le Christ à François. Quelle expression de souffrance ! quelle résignation divine ! quelle sublime bonté dans ce regard d'agonisant ! Celui qui a pu travailler une matière ingrate, de façon qu'il en ressortît un si poignant emblème de la passion de Jésus, celui-là, — n'est-ce pas, — devait être un merveilleux sculpteur, un des princes de son art? Non, c'était un simple ouvrier. Eh bien! le fils de cet homme inspiré vient d'être nommé maître de l'œuvre. Et ce fils... c'est vous, François; car ce Christ est l'ouvrage de votre père. Ferez-vous injure à sa mémoire? oublierez-vous ses leçons? consentirez-vous à faire une œuvre indigne de lui, indigne de vous? Non, François!... Que votre travail mérite l'admiration des hommes; que votre amour pour moi devienne une source féconde d'inspirations; qu'il ne soit pas une entrave au développement de votre génie. Ne vous pressez pas, consacrez à votre entreprise tout le temps qu'elle exige. Je saurai bien attendre. Et je vous jure aujourd'hui, en face de cette figure du Christ, de ne jamais donner ma main à un autre que vous!

Le rayonnement du bonheur illuminait le front de François. Il tomba aux genoux de Marie. Il essaya de prendre une de ses mains pour la couvrir de baisers. Mais la jeune fille se déroba à ces marques d'amour et, se tournant résolument du côté de Pierre Vardouin :

— Mon père, dit-elle, je suis à vos ordres.

Son assurance, la fierté de son attitude en imposèrent au maître de l'œuvre. Il donna silencieusement le bras à sa fille et sortit, après avoir jeté sur François un regard où se peignait toute sa haine.

## V.

**Deux martyrs.**

Huit ans s'étaient écoulés depuis le serment de Marie. Son fiancé avait noblement répondu à son religieux enthousiasme. La tour de l'église de Norrey s'élevait, gracieuse et coquette, au-dessus des peupliers les plus élancés.

Rien de mieux ordonné que l'ensemble de l'édifice; rien de plus élégant, de plus achevé que ses moindres détails. On n'y voyait pas les lourds et massifs piliers de l'époque romane; on n'y voyait pas les formes contournées, les tours de force qui, plus tard, caractérisèrent l'architecture dite *flamboyante*. C'était un des types les plus heureux de cette belle période du treizième siècle, dont la Sainte-Chapelle est l'idéal. Là, tout est si bien prévu que l'œil n'est blessé par aucune défectuosité; tout est si bien à sa place, qu'on ne saurait ajouter ni retrancher le plus petit ornement sans nuire à l'effet général. Les colonnettes s'élancent légèrement, des deux côtés du chœur, pour se rejoindre à la voûte et s'y épanouir en un gracieux bouquet, comme ces fusées qui décrivent dans l'air leur lumineuse parabole et se terminent par une gerbe de feux du Bengale. La ténuité des piliers ne vous cause aucun effroi; car ils sont aussi solides qu'élégants. Ils ne ressemblent pas à ces géants difformes qui n'ont, pour soutenir leurs grands corps, que des jambes amaigries, mais à ces hommes bien proportionnés, dont chaque partie du corps s'est logiquement développée.

Une ornementation simple, de grandes lignes, l'union intelligente du beau et de l'utile, voilà ce qui fait le charme et le prix de la petite église de Norrey.

Au moment où nous retrouvons François, le jeune maître de l'œuvre était au milieu de son chantier. Les ouvriers travaillaient et jasaient autour de lui, sans que l'idée de les surveiller ou d'écouter leurs propos vînt troubler sa rêverie. Appuyé contre un bloc de pierre, les yeux fixés sur le corps carré de la tour qui n'attendait plus que sa pyramide pour que l'édifice fût dignement couronné, le jeune homme semblait abîmé dans de profondes réflexions. Une expression de mortelle tristesse était répandue sur ses traits. Le vent lui fouettait insolemment dans le visage ; et il demeurait, les bras croisés, immobile, et dans un morne accablement. Son travail lui valait l'admiration des hommes. Mais de combien de douleurs n'avait-il pas été la source?

Huit longues années s'étaient passées depuis la promesse de Marie. On lui avait défendu de la voir. La pauvre fille était enfermée ou surveillée. Pierre Vardouin l'accompagnait, chaque fois qu'elle mettait les pieds hors de la maison. Impossible de le fléchir, impossible même de parvenir jusqu'à lui. Il se barricadait chez lui, comme dans une forteresse. A plusieurs reprises, François avait envoyé sa mère chez le maître de l'œuvre de Bretteville pour essayer de le toucher. Mais Pierre Vardouin ne voulut pas l'écouter et lui ferma sa porte. Hélas! la pauvre femme n'eut point l'occasion de tenter une nouvelle épreuve; une courte maladie l'enleva à l'affection de son fils.

Ce fut pour François le plus affreux des malheurs. Privé de l'amour de Marie, privé des consolations de sa mère, il eut un horrible vertige, en se sentant réduit à ses seules forces morales. Pas un être qui s'intéressât à lui, pas une bouche amie pour lui dire de ces douces paroles qui sont la nourriture du cœur; personne à aimer!

Le jeune homme fut arraché à ses sombres pensées par une petite altercation qui venait de s'élever entre ses ouvriers.

— J'imagine, disait un tailleur de pierre, qu'il est fort inutile de s'exténuer à polir des cailloux, pour que le diable s'amuse à les mettre en morceaux.

— Ma foi! je suis de l'avis de Greffin, dit un autre ouvrier.

— Qui, d'entre nous, aura le courage de garder l'église cette nuit? demanda un troisième.

— Pas moi, certes!

— Ni moi.

— Il faudrait avoir des griffes au bout des doigts, reprit Greffin, pour affronter les esprits de l'enfer.

— Alors ta femme pourrait servir de sentinelle, dit un bouffon de la compagnie.

— Je ne comprends pas qu'on plaisante sur les choses sérieuses, répondit Greffin visiblement contrarié.

— Vous rappelez-vous la statue de la Vierge, que j'avais portée hier soir dans la nef? demanda un sculpteur, qui arriva fort à propos pour empêcher une querelle.

— Si je me la rappelle! dit un tailleur de pierre : c'est ce que tu as fait de mieux!

— Eh bien, voilà! dit le sculpteur.

Et il se frappa le cou du tranchant de la main.

— Elle est brisée? demandèrent les ouvriers en chœur.

— On lui a tranché la tête! répondit le sculpteur. Je savais, ajouta-t-il, que Kerlaz avait reçu l'ordre de passer la nuit dans l'église. Je m'apprêtais à y aller pour lui tenir compagnie, lorsque le pauvre garçon s'est avancé à ma rencontre avec une mine à faire trembler. Une bosse affreuse lui cachait la moitié d'un œil.

— Il est tombé? demanda-t-on.

— Non; mais il s'est battu.

— Avec qui?

— Avec un esprit qui a le poing solide, allez!... Il paraît qu'il s'éclairait (l'esprit bien entendu) avec une petite lanterne sourde. Il prenait toutes ses aises, afin de mieux briser ma statue. Alors Kerlaz, qui est un rude compère et qui n'a pas peur, s'est approché de lui tout doucement. Mais au moment où il allongeait la main pour l'empoigner, il a reçu un terrible coup en plein visage. Lorsqu'il a rouvert les yeux : bonsoir ! l'esprit était parti... Il ne restait plus que la bosse. Comme je ne tiens pas à être défiguré, j'ai pris la ferme résolution de ne pas monter la garde dans l'église.

— Je vous éviterai cette peine, dit François qui s'était approché du groupe des parleurs. Je veillerai moi-même, cette nuit, à la sûreté de l'église. J'entends que désormais il ne soit plus question de toutes ces histoires ridicules. Suivez-moi, ajouta-t-il en s'adressant au sculpteur. J'ai besoin de vous.

François s'avança à grands pas vers la maison qu'il occupait à l'extrémité du chantier. Il pria le sculpteur de patienter quelques instants; puis il s'approcha d'une table et se mit à écrire, sous la dictée de son cœur. Il ferma sa lettre et la donna à l'ouvrier, qui attendait ses ordres sur le seuil de la porte.

— Morbrun, lui dit-il d'une voix émue, vous connaissez la maison de Pierre Vardouin. Courez à Bretteville, et tâchez de remettre ce billet entre es mains de Marie.

— Mais vous n'ignorez pas que le maître de

l'œuvre ne permet à personne d'approcher de sa maison, encore moins de sa fille?

— Je m'en rapporte à votre esprit inventif. Rappelez-vous seulement que ce billet doit passer de vos mains dans celles de Marie. Soyez prudent.

François s'assit sur un banc placé devant la maison et regarda s'éloigner Morbrun, qui courait sur la route de Bretteville avec la rapidité d'un lièvre poursuivi par une meute.

Ce n'était pas un garçon à sentiments bien vifs. La tête jouait un plus grand rôle que le cœur dans son affection pour François. Homme d'esprit lui-même, il se faisait un honneur d'obéir aux volontés d'un maître intelligent. Bref, c'était un de ces caractères portés naturellement au bien, et chez lesquels la soumission au devoir est un instinct plutôt qu'une vertu.

Tandis que Morbrun dévorait ainsi l'espace, il cherchait un moyen ingénieux pour tromper la surveillance de Pierre Vardouin. Dès qu'il fut devant la maison du maître de l'œuvre, il prit la désinvolture et la voix d'un homme aviné. Tout en trébuchant et maugréant à la façon des ivrognes, il vint rouler avec force contre la porte extérieure. Le bruit de sa chute attira du monde. Une fenêtre s'ouvrit au-dessus de lui.

— Qui est là? dit une voix de jeune fille.

— Quelqu'un qui désirerait parler à Pierre Vardouin, répondit le sculpteur avec accompagnement de fioritures d'ivrogne.

— Il est sorti.

— C'est ce que je voulais savoir, dit Morbrun en se redressant d'aplomb sur ses jambes.

Puis, tirant la lettre de sa poche :

— Je viens de Norrey, reprit-il, et je vous apporte ce billet, qu'on m'a chargé de vous remettre.

Marie poussa un cri de joie et tendit la main pour saisir le billet; mais la fenêtre était trop élevée au-dessus du sol. Alors elle ôta prestement le cordon qui faisait plusieurs fois le tour de sa taille. En moins d'une minute le cordon fut descendu, la lettre attachée et introduite dans la chambre. Marie fit un geste de remercîment à Morbrun et referma la fenêtre. Son cœur battit violemment, quand elle décacheta la lettre; et ses yeux se remplirent de larmes, à mesure qu'elle avançait dans sa lecture. Voici ce que lui disait François :

« Que devenez-vous, Marie? Vous rappelez-vous votre promesse? Pensez-vous toujours à votre ami d'enfance? Oh! vous ne sauriez imaginer combien de fois j'ai maudit le jour où je me suis engagé, au pied du Christ, à mériter votre estime et celle des hommes! Que me sert la gloire? Cette vaine renommée, je la donnerais pour un instant passé auprès de vous. On répète autour de moi que mon œuvre est belle. Les mères seraient jalouses de voir leurs enfants recueillir les hommages qu'on m'accorde. Mais tout cet encens, tous ces éloges que j'avais tant désirés, loin de me satisfaire, ils me brisent le cœur! En m'imposant l'obligation de couronner dignement mon travail, ils semblent par cela même m'éloigner encore de vous. Moi qui aurais voulu passer ma vie auprès de vous! Moi qui n'aurais demandé pour tout bonheur que de vous voir, de vous entendre!

» Il ne m'est donc plus permis d'écouter votre voix, de serrer votre main, de vous dire que je vous aime. Et pourtant j'ai soif d'affection; mon âme est pleine de douleurs, et je n'ai personne avec qui pleurer!... Ma mère, ma pauvre mère! elle n'est plus là pour me donner des consolations. Je n'ai même plus la force de la résignation. Je me sens tout prêt à blasphémer. Je ne sais quelle voix me crie que vous m'aimez toujours; et cependant le doute, l'inquiétude me torturent à chaque heure du jour et de la nuit. J'ai du courage et j'ai peur. Je suis fort et je tremble! Ce n'est déjà plus un pressentiment. On m'a dit que votre père veut vous marier. Ce bruit-là est absurde, n'est-ce pas? Ce serait un crime de vous supposer capable d'un parjure. Mais si votre père vous enferme comme dans une prison, il peut bien vous conduire de force à l'autel. Cette pensée me brise le cœur, et je ne me sens plus maître de ma volonté. Marie, ayez pitié de moi! Il faut que je vous parle, que j'entende votre voix, que je touche votre robe, dussiez-vous vous attirer la colère de votre père. Ce soir, je vous attendrai auprès de l'église de Norrey. Venez, lorsque le soleil aura disparu à l'horizon, venez rendre le calme au cœur de votre ami...

» Oh! ne craignez rien; si sa raison l'abandonne parfois, c'est quand il désespère de vous voir. Votre présence le guérira. Ne craignez rien! Nous ne serons pas seuls. Ma mère elle-même nous entendra, nous surveillera, comme autrefois. Sa tombe sera sous nos pieds, à côté de celle de mon père. Adieu, Marie! Pardonnez-moi; mais ne me refusez pas! »

La jeune fille n'eut pas le loisir de s'abandonner à l'émotion que lui causaient les plaintes de François. On venait de refermer brusquement la porte de la rue, et les pas de son père résonnèrent pesamment sur les degrés de l'escalier. Elle n'eut que le temps de cacher la lettre et de passer son mouchoir sur ses yeux. Pierre Vardouin était déjà dans la chambre.

— Ces pleurs-là n'auront donc pas de fin? dit le maître de l'œuvre d'une voix dure.

— Je pensais aux jours de mon enfance, répondit Marie en essayant de sourire.

— Tu auras bien assez de sujets de chagrin dans l'avenir sans en demander au passé, reprit Pierre Vardouin. Quand tu auras vieilli comme moi, tu connaîtras le prix des larmes.

— Je ne suis pas encore endurcie, dit Marie.

— Voilà précisément le mal, continua Pierre Vardouin en déposant son manteau. Dans la vie, les parents se contentent des fruits amers et abandonnent les bons aux enfants. Mauvaise éducation! Ils n'ont plus de courage dans les jours malheureux.

— Il y a des exceptions, soupira Marie.

— De quoi te plains-tu? Je ne te donne pas assez de liberté peut-être?

— Vous m'enfermez à clef.

— Par saint Pierre, mon patron! je te sais gré de ta franchise. J'oubliais que les filles se fatiguent de l'autorité paternelle, quand elles ont dépassé vingt ans.

En disant cela, Pierre Vardouin se mit à sourire. Marie, encouragée par son air affable, eut une lueur d'espérance. Elle courut vers son père et lui fit mille caresses.

— Vraiment! mon père, dit-elle en cherchant à lire dans ses yeux, vous auriez l'intention?...

— De te marier... Qu'y a-t-il là d'étonnant?

Marie poussa un cri de joie. Cette révélation répondait au plus cher de ses désirs.

— Tu consens donc à quitter ton vieux père? dit le maître de l'œuvre en passant doucement la main dans les cheveux de sa fille.

— Tôt ou tard, mon père, il le faudra bien.

— Et : mieux vaut tôt que jamais? dit Pierre Vardouin en retournant le proverbe.

Marie ne chercha point à répondre à cette plaisanterie. Elle se serait d'ailleurs mal défendue. Son visage était rayonnant.

— Vous l'avez donc vu? demanda-t-elle à son père.

— Aujourd'hui même.

— Il vous a dit combien il a souffert?

— Sans doute. Le pauvre garçon attendait depuis si longtemps. Il s'est jeté à mon cou en pleurant. Alors, pour le consoler : « Dans peu de jours, lui ai-je dit, dans peu de jours, Louis Rogier, vous serez le plus heureux des hommes. »

Les joues de Marie se couvrirent d'une pâleur mortelle.

— De qui voulez-vous parler? demanda-t-elle avec angoisse.

— De Louis Rogier, parbleu! du fils de l'échevin.

— Ce n'est pas lui! s'écria la jeune fille en laissant tomber sa tête dans ses mains. Ah! vous êtes cruel, mon père.

— Quoi! tu pensais encore à l'autre?

— Il a ma parole, répondit simplement Marie.

— Il n'y tient guère, crois-moi. S'il t'aimait sincèrement, est-ce qu'il aurait mis huit ans, et plus, à construire l'église de Norrey?

— Il n'a fait que son devoir.

— Oui; mais il est plus épris de son œuvre que de toi, ma pauvre enfant. On le salue du nom de maître illustre; tout Bretteville va admirer son travail... On me délaisse moi! pour ce misérable apprenti, qui sait à peine bégayer son art... La fumée de l'orgueil lui dérobe le souvenir de ce qu'il nous doit. Il rêve déjà une alliance plus relevée. Il te dédaigne.

— Je ne le crois pas.

— Il ne pense plus à toi ; j'en ai des preuves.

Indignée de la conduite de son père, Marie fut tentée de le confondre en mettant sous ses yeux la lettre de François. Mais elle s'arrêta à temps, dans la crainte de compromettre son bonheur et celui de son amant.

— Quel est donc le mérite de François? poursuivit Pierre Vardouin. On lui prodigue les éloges ; mais cela durera-t-il? Quelle est sa fortune? A-t-il de la naissance?

— Mais je l'aime! s'écria Marie d'un ton déchirant.

Pierre Vardouin comprit en cet instant que tout l'avenir de sa fille était attaché à la satisfaction de son amour pour François. Son premier, son bon mouvement, celui que lui dictait son instinct de père, allait peut-être lui arracher un consentement. Marie attendait son arrêt en frémissant, lorsqu'un bruit de voix, parti de la rue, parvint jusqu'aux oreilles de Pierre Vardouin et paralysa son élan généreux.

— Il est impossible, disait-on, de voir quelque chose de plus beau que l'église de Norrey. La construction de Pierre Vardouin est une bicoque, en comparaison de celle de François !

Quand il se fait une perturbation dans les lois de la nature, le physicien n'a plus qu'à déposer ses instruments d'expérimentation en attendant la fin du désordre. Ne doit-il pas en être de même du moraliste ? Que viendrait faire sa science en présence des cataclysmes du cœur humain ? Sa méthode, si incertaine d'ailleurs, oserait-elle balbutier une explication des orages qui troublent le cœur et aveuglent l'esprit, au point d'anéantir les affections les plus saintes ? Qu'il se taise alors ; ou, s'il veut faire de la statistique, qu'il constate une monstruosité de plus.

La jalousie de Pierre Vardouin s'était réveillée, plus active, plus effroyable que jamais. Il ne se contentait pas de haïr François de toutes les forces de son âme. Il embrassait dans son inimitié tout ce qui pouvait porter quelque intérêt à son ancien apprenti. Il lança un regard terrible à sa fille et sortit en blasphémant.

Marie profita de son absence pour s'abandonner librement à sa douleur. Il était trop évident à ses yeux qu'elle n'avait plus à espérer que dans la miséricorde de Dieu. Elle attendit avec résignation le retour de son père. Leur souper fut, comme on l'imagine, d'une tristesse mortelle. Pas un mot ne fut échangé entre le père et la fille. Marie retenait à peine ses sanglots.

Cependant la nuit commençait à remplir tout de son ombre, et l'heure du rendez-vous approchait. La jeune fille aurait cru commettre un sacrilége si elle n'eût pas tenté l'impossible pour aller donner des consolations à François. Elle sentait elle-même le besoin de pleurer avec lui. Son père sortait habituellement le soir. Elle surveillait donc avec une impatience fébrile les moindres mouvements du maître de l'œuvre.

Enfin il se leva de table plus tôt que de coutume, prit son manteau et descendit l'escalier avec précipitation.

Au bruit épouvantable que la porte fit en se refermant, Marie put juger du degré d'irritation de son père. Elle s'approcha de la fenêtre et le suivit des yeux aussi longtemps que l'obscurité le lui permit. Puis elle se demanda par quels moyens elle parviendrait à s'échapper de la maison. Ses mouvements indécis témoignaient du peu de succès de ses recherches. Soudain le feu de la résolution brilla dans son regard; elle prit la lampe et descendit examiner la porte qui donnait sur la rue. Ses yeux se levèrent vers le ciel avec une admirable expression de reconnaissance.

— Mes pressentiments ne m'ont pas trompée! s'écria-t-elle. Dans sa colère, il a oublié ses précautions habituelles... Je suis libre !

En même temps elle attirait la porte, qui gémit péniblement sur ses gonds.

— Il me tuera peut-être à mon retour, pensa-t-elle, mais François va savoir que je l'aime encore !

Et la courageuse fille se mit à courir dans la direction du village de Norrey. Elle n'eut pas fait trois cents pas qu'elle entendit marcher à sa rencontre. Saisie de frayeur, elle se jeta précipitamment de côté et chercha une cachette derrière une haie d'aubépine.

Le vent chassait au ciel de grands nuages, aux contours bizarres. De temps à autre, cependant, la lune apparaissait au milieu de vapeurs irisées, brillante comme un miroir d'argent qui réfléterait les rayons du soleil. Au moment où Marie se croyait le mieux à couvert, un des gros nuages se déchira, et des flots de lumière se répandirent sur la route et sur la campagne.

Deux cris de joie signalèrent cette victoire de l'astre sur les ténèbres. Dans l'homme qui lui avait causé tant d'effroi, Marie venait de reconnaître François.

Les deux jeunes gens échangèrent un rapide regard et se jetèrent dans les bras l'un de l'autre.

— Je savais bien que vous ne me refuseriez pas! s'écria François, quand il se fut rendu maître de son émotion.

— Douterez-vous de mon amour maintenant? lui demanda Marie.

— Vous êtes bonne, répondit François en déposant un baiser sur le front de la jeune fille.

— Voyons! donnez-moi votre bras, dit Marie. Et promenons-nous gravement, comme de grands parents.

— Où faut-il vous mener?

— A Norrey. Je ne connais pas encore votre chef-d'œuvre.

— Vous exagérez...

— Non pas! reprit Marie. Je compte sur un chef-d'œuvre, sans quoi je ne vous pardonnerais pas de m'avoir fait attendre huit ans le plaisir de vous admirer.

— En effet, voilà huit ans que je souffre !...

— Est-ce un reproche? dit Marie.

— Pour cela, non, répondit François. Vous n'avez fait que votre devoir en me faisant jurer d'illustrer mon nom. Mais votre père devait-il se montrer si impitoyable?

— Oh! ne me parlez pas de mon père! interrompit Marie. Soyons tout entiers au bonheur de nous voir!

Ils étaient arrivés au détour du sentier, et l'église se dressait devant eux dans toute sa magnificence.

— Dieu, que c'est beau! s'écria Marie. Oh! que je suis contente, que je suis fière de vous, François!

En même temps elle enlaça ses deux bras autour de son cou et lui prodigua mille caresses, en lui disant les plus douces choses. Ces quelques minutes de bonheur firent oublier à François ses huit années de souffrance. Ses yeux, admirables en ce moment d'enthousiasme et de félicité, se promenaient avec amour de Marie à l'édifice en construction, et ses lèvres cherchaient en vain des mots qui répondissent aux sentiments qui remplissaient son âme.

Mais il n'est pas de langue capable de traduire ces sublimes béatitudes, si fugitives d'ailleurs qu'elles sont bientôt suivies d'une tristesse mortelle. Le front de François s'inclina, chargé de langueur.

Et n'est-ce pas le propre des natures élevées d'associer au bonheur présent un pénible souvenir, de ne jamais goûter une joie, un plaisir sans y trouver d'amertume, de penser, en voyant l'enfant, à l'aïeul qui n'est plus !

— Que je suis heureux ! s'écria-t-il d'une voix émue... Si ma mère pouvait partager ma joie !

Marie suivit la direction des yeux de son amant. Elle aperçut alors deux petites croix de bois qui se penchaient l'une vers l'autre, comme pour se rejoindre, au-dessus de deux tertres couverts de gazon.

— Prions ! dit Marie en tombant à genoux ; Dieu pourrait nous punir d'avoir oublié les morts.

— Marie, s'écria tout à coup François, n'avez-vous pas entendu du bruit ?

— Je ne sais. Mais je ne puis m'empêcher de trembler. Il me semble que la nuit est glaciale. L'obscurité augmente de plus en plus... J'ai peur, François !

— Tranquillisez-vous ; je suis là pour vous

protéger, répondit le jeune homme en couvrant Marie d'un épais manteau qu'il avait tenu jusque-là sur son bras.

— Il se fait tard, reprit Marie. Soyons raisonnables, et séparons-nous. Mon père peut rentrer d'un instant à l'autre. Vous figurez-vous bien sa colère, s'il ne me trouve pas à la maison?

— On jurerait qu'il y a de la lumière dans la tour, interrompit François.

— C'est peut-être un reflet de la lune, dit Marie.

— Mes yeux me trompent rarement, reprit le jeune homme.

Il se dirigea vers l'église.

— Restez! dit Marie avec un tremblement dans la voix.

— Les ouvriers, continua François, prétendent que ce sont des esprits. Je croirais plus volontiers à la malveillance. Esprits ou malfaiteurs, je vais bientôt avoir sondé ce mystère.

— Ne vous exposez pas! s'écria Marie en cherchant à retenir son ami.

— Ne craignez rien, répondit-il. Je serai bientôt de retour.

A ces mots, il entra résolûment dans l'église

et prit un ciseau laissé là sur le sol par les compagnons, pour s'en faire une arme au besoin.

Marie l'avait suivi dans la nef, en proie à une vive terreur. Elle s'agenouilla sur une dalle et commença une fervente prière. Le jeune homme montait rapidement les marches du petit escalier de la tour.

Arrivé au terme de sa course, son pied heurta contre une masse informe qui lui barrait le passage. Il se baissa et sentit le corps d'un homme sous ses doigts. François ne savait pas ce que c'est que la peur. Il empoigna fortement le bras de l'inconnu et l'entraîna avec vigueur.

— Je te tiens enfin! s'écria-t-il en prenant pied sur la plate-forme. Si tu n'es pas un esprit de l'enfer, je vais apprendre au moins comment tu te nommes.

Le prisonnier sortit de la pénombre et parut dans un demi-jour. Le jeune homme lâcha sa proie, en poussant un cri de surprise et d'effroi.

C'était Pierre Vardouin.

Il y eut quelques minutes d'un silence mortel.

— Que faisiez-vous là à cette heure? demanda enfin François, dont la poitrine se soulevait par bonds violents.

— N'est-il pas permis au maître de visiter le travail de son élève?

— Mais vous brisiez des sculptures! reprit François avec indignation. Vous n'aviez donc pas assez de me briser le cœur, en me refusant la main de Marie!

— Proclame partout que ton église a été construite sur mes plans, dit Pierre Vardouin d'une voix sourde, et demain tu conduiras Marie à l'autel.

— Que je fasse cette infamie? s'écria le jeune homme, chez qui l'orgueil de l'artiste se réveilla plus fort que l'amour. J'aimerais mieux mourir!

— Eh bien, soit! dit Pierre Vardouin avec un sourire affreux.

Et, plus prompt que l'éclair, il se précipita sur le jeune homme, qu'il étreignit de ses bras nerveux. François, pris à l'improviste, n'eut pas le temps d'opposer de résistance. Il fut soulevé et porté sur le bord de la plate-forme.

— Réfléchis encore! dit Pierre Vardouin en le tenant suspendu sur l'abîme.

François ne répondit pas. Il avait réussi à dégager celle de ses mains qui tenait le ciseau. Mais l'arme ne fit qu'effleurer le front de Pierre Vardouin, qui lâcha prise. Et François roula dans le vide. Son corps rencontra un restant d'échafaudage, s'y arrêta un instant, puis rebondit et vint s'affaisser au pied de la tour avec un bruit sourd.

Cependant la lune éclairait de ses tristes reflets l'intérieur de l'église.

Marie continuait de prier pour son amant. L'absence prolongée de François la frappa de terreur. Elle se leva, pâle comme une morte, et s'approcha, en chancelant, de la porte qui donnait accès à la tour.

Au moment où elle mettait le pied sur la première marche, la figure sombre de Pierre Vardouin s'offrit à ses regards. Elle faillit tomber à la renverse; mais elle retrouva subitement toute son énergie à la pensée du danger que François avait couru. Et saisissant une des mains du maître de l'œuvre:

— Vous tremblez, dit-elle. Qu'avez-vous fait de François?

— Le malheureux s'est tué! balbutia Pierre Vardouin en baissant les yeux sous le regard pénétrant de sa fille.

Marie bondit hors de l'église et courut au pied de la tour.

Le corps de François était étendu à terre. Sa

tête reposait sur le tertre d'une tombe, comme s'il se fût endormi pour toujours sur la couche des morts.

Marie se jeta à genoux et posa la main sur le cœur du jeune homme.

— Il respire ! dit-elle en levant les yeux au ciel avec une divine expression de reconnaissance.

— Qui est là ? soupira faiblement le jeune homme.

— C'est moi ; c'est votre Marie.

— Je vous attendais, Marie. Je savais bien que vous viendriez me fermer les yeux.

— Ne parlez pas ainsi ! répondit Marie tout en larmes... Tenez, maintenant que votre tête repose sur mes genoux, les couleurs semblent vous revenir... Oh ! personne ne m'enlèvera mon trésor !

— Je le sens, Marie, mon heure est venue... Je souffre !... Ma pauvre église, je ne l'achèverai donc pas ?... Que personne ne la termine... qu'elle reste inachevée, comme ma destinée !

— Si vous m'aimez, François, vous reprendrez courage... Mon père est parti pour chercher du secours...

— Votre père ! s'écria François avec horreur

— Quoi? dit Marie plus pâle que son amant.

— Je lui pardonne tout, murmura François.

Pas un mot d'accusation ne sortit de sa bouche. Ce sublime effort l'avait épuisé, et sa tête retomba lourdement sur les genoux de la jeune fille. Folle de douleur et d'amour, Marie serra François contre sa poitrine et lui donna un baiser brûlant. Le jeune homme se ranima sous cette étreinte passionnée, et ses yeux reprirent tout leur éclat.

— Marie, dit-il, au nom du ciel! laissez-moi.

— Je vous abandonnerais!...

— Vous n'avez jamais vu mourir... Je veux vous épargner cet horrible spectacle.

— Mais... vos yeux s'animent et votre voix est sonore?

— Mon père était ainsi quand il tomba du haut de son échafaudage. Il nous parla avec force... puis... tout d'un coup...

— Oh! vous me désespérez, François! s'écria Marie en éclatant en sanglots.

— Voyez-vous comme le ciel s'illumine? reprit François. Toutes ces étoiles qui brillent au-dessus de nos têtes, ce sont les cierges de mes funérailles, les funérailles du pauvre... Et pourtant je voudrais si bien vivre, vivre pour vous, pour mon église, pour ces beaux astres ! Nous aurions eu tant de bonheur ! Mais Dieu ne le veut pas, et nous nous reverrons au ciel. Marie, vous vous rappelez ce petit buisson d'églantier où vous aviez cueilli une rose?... Vous le planterez sur ma tombe, et tous les ans... Oh! mes yeux se troublent... Mon Dieu, mon Dieu!... Votre main, Marie... Encore un baiser !

Marie approcha ses lèvres de celles du jeune homme.

Quand elle releva la tête, l'ange de la mort avait passé entre les deux amants ; et l'âme de François était allée rejoindre celle de sa mère.

Absorbée qu'elle était dans sa douleur, la jeune fille n'entendit pas son père qui revenait de laver sa blessure à une source voisine. Pierre Vardouin l'ayant appelée, elle leva vers le maître de l'œuvre ses yeux égarés. Un frisson glacial parcourut alors tous ses membres. Elle venait d'apercevoir le front meurtri de son père; et, de là, son regard s'était abaissé fatalement sur le ciseau que François tenait encore dans la main droite.

L'affreux mystère s'était fait jour dans son

esprit. Elle poussa un cri d'horreur et tomba presque inanimée aux pieds de François. . .

. . . . . . . . . . . . .

. . . . . . . . . . . . .

Marie eut le malheur de survivre à son amant. A cette époque, on n'avait pas encore appris à se soustraire au désespoir par une mort volontaire.

Douce, affectueuse comme par le passé, la jeune fille continua d'habiter sous le même toit que son père. Plus elle le voyait triste et rongé par les remords, plus elle redoublait de soins et d'attentions. En présence d'un tel dévouement, le maître de l'œuvre vécut dans la persuasion que sa fille ne se doutait pas de l'affreuse vérité.

Cependant Pierre Vardouin ne pouvait se faire à l'idée de voir les plus belles années de Marie se consumer dans l'isolement. Le bourreau eut pitié de sa victime. Il voulut lui préparer un avenir heureux.

Mais, au premier mot de mariage, la jeune fille se révolta. Elle répondit simplement :

— L'église de Norrey n'est pas achevée. C'est là le délai que vous m'aviez imposé pour mon mariage. J'attendrai !

Ce refus porta un coup funeste au vieux maître de l'œuvre. Ses facultés baissèrent rapidement, et cet homme orgueilleux devint la risée et le jouet des enfants du village. Marie seule avait le don de le distraire. Elle consentait à mettre ses robes de fête pour amuser le pauvre insensé.

Il y a certes plus de grandeur à supporter une telle existence qu'à monter sur le bûcher des persécutions; et les martyrs, dont les religions ont le plus le droit de s'énorgueillir, sont peut-être ceux-là même qui ont le courage de vivre tout en ayant la mort dans l'âme.

A partir de la mort de son père, le temps que Marie ne consacra pas à visiter les malheureux, elle le passa à prier sur la tombe de François. Souvent, après l'accomplissement de ce pieux devoir, elle dirigeait ses pas vers le petit bois, voisin du village de Norrey, et s'asseyait sur le banc de gazon où nous l'avons vue recevoir le touchant aveu de la passion de François. Alors sa pensée se reportait vers ces temps de bonheur et d'espérance, et des larmes amères coulaient de ses yeux.

Tous, humbles ou puissants, n'avons-nous pas un lieu de prédilection, où promener nos regrets et exhaler notre douleur?

On raconte que Marius, lorsqu'il se promenait sur le rivage de Minturnes, pendant que l'on préparait le navire qui devait protéger sa fuite, tournait souvent ses regards du côté de la ville éternelle. Que lui disaient alors ses souvenirs et son immense orgueil inassouvi? Il passait la main sur son front, comme pour en arracher son angoisse, et, levant vers le ciel ses yeux humides, il semblait lui demander d'abréger son supplice.

La prière de Marie fut mieux entendue de la Divinité que celle de l'ambitieux.

---

## EPILOGUE.

### Visite chez l'ex-magistrat.

— Je remarque avec plaisir que la tour n'a pas été achevée, dit Léon en sortant du cimetière. Elle attend encore sa pyramide.

— Les dernières volontés de François ont été respectées, répondit M. Landry. Seulement, on ne prend pas grand soin de conserver son chef-d'œuvre. Vous pouvez en juger d'après le mauvais état de la toiture.

— Cherchons le moyen de secouer l'apathie des habitants de Norrey, dit Victor... Si l'on répandait le bruit que l'âme de François vient se plaindre le soir du triste délabrement de son église?

— J'y songerai, répondit M. Landry en souriant. Vous avez là une excellente idée.

Tout en parlant de la sorte, nos touristes avaient repris le chemin de Bretteville. Lorsqu'ils furent arrivés à l'extrémité du village, leur cicérone s'arrêta devant une maison de peu d'apparence précédée d'un jardin, dont les plates-bandes eussent fait envie à la bonne déesse des fleurs.

— Voilà mon Éden, dit M. Landry en leur ouvrant la grille du jardin. Vous pouvez vous y promener sans crainte. Il n'y a ni serpent, ni arbre de la science...

Il les quitta un instant pour aller donner ses ordres à la vieille Marianne, sa cuisinière. Quand il revint, on lisait sur sa physionomie le bonheur qu'un solitaire, retiré volontairement du monde, doit goûter lorsqu'il est arraché à ses méditations par des amis qu'il estime.

12.

— Ah! dit-il, vous regardez mes pains de sucre? des ifs taillés en forme de pyramide? Mauvais goût, n'est-ce pas? Mais que voulez-vous? Tels me les a laissés mon père, tels je les ai conservés. Le brave homme aimait à tailler ainsi ses arbres. Il trouvait cela d'un bon effet, et d'ailleurs c'était de mode à l'époque. Par esprit d'imitation, peut-être aussi pour conserver à cette habitation la physionomie qu'elle avait du temps du vieillard, je me suis mis à prendre de grands ciseaux et à faire la toilette de ces pauvre ifs.

A cet instant, la cuisinière cria du seuil de la porte :

— Monsieur est servi!

— En ce cas, messieurs, je vous invite à me suivre au réfectoire, dit M. Landry en se levant et prenant chacun des jeunes gens par un bras.

La salle à manger de M. Landry était simple, mais d'un goût parfait.

On y voyait un dressoir en vieux chêne, admirablement sculpté, une table monopode avec des guirlandes de fleurs également taillées dans le bois, des chaises à pieds tordus, dans le genre Renaissance, une horloge dans le même style, quatre tableaux représentant les saisons et plusieurs vases du Japon, placés sur la cheminée.

Le peintre s'empressa naturellement d'aller examiner les tableaux, tandis que son compagnon promenait un regard complaisant sur tous les objets qui l'entouraient.

La conversation s'engagea sur ce ton demi-sérieux, demi-plaisant, qui a tant de charme entre gens d'esprit. On parla beaucoup des femmes, de l'art, de la littérature, et fort peu du cours de la rente; ce qui eût paru bien fade à plus d'un de nos poëtes à la mode et peut-être hélas! à plus d'une de nos jolies femmes.

Les deux artistes se retirèrent dans leur chambre, enchantés de leur hôte. Ils ne tardèrent pas à s'endormir et leur imagination, échauffée par un repas excellent, les fit assister à des scènes étranges qui auraient pu, à elles seules, défrayer tout un conte d'Hoffmann.

Léon voyait la tour de Norrey s'allonger, se coiffer d'une immense pyramide et commencer autour de lui une ronde dévergondée; Victor voyait avec effroi la servante de M. Landry s'approcher de son tableau du *Quos ego,* arracher le poisson que Neptune tenait à la main et le jeter dans la poêle à frire.

Ils étaient encore sous l'impression du cauchemar, lorsqu'on frappa à leur porte. Ils se réveillèrent en sursaut. M. Landry venait d'entrer dans la chambre.

— Voilà comme je dormais autrefois! dit l'ex-magistrat en souriant. Aussi m'est-il arrivé souvent de manquer le départ des voitures.

— Quoi! la voiture serait passée? s'écrièrent les deux jeunes gens en sautant à bas du lit.

— Oui. Vous êtes mes prisonniers.

— Et le geôlier n'aurait pas besoin de fermer les portes pour nous retenir, répondit Léon, si le peu de temps dont nous pouvons disposer ne nous faisait un devoir de partir aujourd'hui.

— Mais la voiture? objecta M. Landry.

— Nous n'avons pas les mollets aristocratiques du marquis de la Seiglière, dit Victor, mais nos jambes sont solides. Nous irons à pied.

— Alors je vous accompagnerai.

— Nous n'y consentirons jamais...

— L'exercice est salutaire à tout âge, interrompit M. Landry. Pendant que vous achèverez votre toilette, j'improviserai un déjeuner.

Trois heures après, nos voyageurs arrivaient aux premières maisons de St-Léger. M. Landry s'arrêta et saisit avec émotion les mains des deux artistes.

— C'est ici qu'il faut nous séparer, dit-il tristement.

— Déjà! s'écria Victor.

— Vous êtes fatigué? dit Léon.

— Il m'est pénible de vous quitter, répondit M. Landry, car je commençais à vous aimer. Je me serais bientôt arrogé le droit de vous donner des conseils; de vous dire, à vous, Léon, de combattre avec énergie votre malheureuse disposition au découragement; à vous, Victor, de savoir mettre parfois un frein à votre imagination. Mais il ne faut pas y songer. Hélas! mes amis, se rencontrer, sympathiser, s'estimer, se dire qu'on ne voudrait jamais se quitter et se quitter aussitôt, n'est-ce pas la vie? Nous aurions le ciel sur la terre si les âmes qui sympathisent entre elles n'étaient jamais condamnées à se séparer. Encore! ajouta M. Landry, en allongeant le bras dans la direction du cimetière de St-Léger, encore doit-on se croire heureux, lorsque la mort n'est pas la cause d'une cruelle séparation.

Les deux artistes n'insistèrent pas davantage pour retenir M. Landry.

Ils avaient compris qu'il avait dans le voisinage un souvenir douloureux.

Ils lui serrèrent une dernière fois la main, lui dirent un dernier adieu et se remirent tristement en route.

# L'HOTEL FORTUNÉ

## I

### Le Rêve.

A moitié route environ de Caen à Bayeux, le voyageur qui se dirige vers cette dernière ville rencontre sur la droite, au bas de deux côtes assez roides, une maison dont la façade, tournée du côté du chemin, regarde une prairie qui semble s'étendre à perte de vue dans la direction d'Audrieu. Le site n'a rien d'enchanteur ; mais il a cela de bon qu'il repose un peu les yeux de l'aspect monotone des terres en labour.

Tout un peuple d'animaux domestique s'agite et murmure dans la cour qui sépare la ferme du grand chemin. Dans une mare alimentée par un petit ruisseau, les canards jouissent des délices du bain, tandis que les porcs, moins délicats, disparaissent jusqu'au grouin dans la bourbe noire des engrais. Ailleurs les oies dorment tranquillement sur une patte, le cou replié et caché sous l'aile, dans le voisinage d'un dindon qui fait la roue auprès de sa femelle. Plus loin, c'est un chat qui jongle avec une souris avant de lui donner le dernier coup de dent. Auprès de la barrière, c'est un chien de garde qui tend sa chaîne en aboyant.

Seul, au milieu de tout ce bruit, de tout ce mouvement, un âne ne semble préoccupé que du soin de se laisser vivre. Il rêve, bien décidé à n'abandonner sa méditation que lorsqu'on l'y contraindra par la violence. Mais voilà que l'apparition de la redoutable maîtresse Gilles vient jeter l'alarme dans son cœur. Rien à l'extérieur ne trahit son émotion; il demeure impassible. Mais tout porte à croire qu'il a perdu le fil de ses idées; l'étude de la philosophie exigeant une parfaite possession de soi-même.

— Bah! s'écrie la grosse fermière avec étonnement, Jacquot est déjà revenu des champs! Il est même débridé, comme si cette paresseuse d'Élisabeth s'était levée avant le jour pour aller traire les vaches!... C'est à n'y pas croire!

Tout en parlant de la sorte, dame Gilles se renversait en arrière pour chercher des yeux une petite lucarne qui s'ouvrait sur la campagne d'Audrieu.

— Élisabeth! Élisabeth! cria maîtresse Gilles d'une voix qui retentit dans la cour et dans tous les coins de la maison.

— Que voulez-vous, maîtresse? demanda une jolie jeune fille qui pencha la moitié du corps en dehors de la fenêtre de la mansarde.

— Vous êtes bien matinale aujourd'hui! répondit maîtresse Gilles.

— Excusez-moi, dit la jeune fille qui avait ses raisons pour voir une ironie dans ces simples paroles... je suis prête à l'instant.

— Très-bien! vous ferez maintenant deux toilettes comme les dames de la ville, répliqua la fermière.

— Je m'habille pour la première fois.

— Par l'âme de feu ma mère! j'aurais dû m'en douter! s'écria maîtresse Gilles avec colère; la paresseuse!... la paresseuse!

Tandis que la fermière exhalait sa rage dans de véhémentes imprécations, Elisabeth s'empressait de descendre et entrait dans la cour.

— Me voilà, dit la jeune fille en s'avançant timidement vers sa maîtresse.

— Vous voilà! vous voilà! Vous attendez peut-être qu'on vous complimente? reprit maîtresse Gilles avec amertume. Voyez un peu l'innocente colombe qui se lève deux heures après le soleil pour aller traire les vaches! Vous n'êtes qu'une fainéante, une propre à rien, qui n'a pas honte de voler le pain d'honnêtes gens!

— Maîtresse, j'étais souffrante...

— Souffrante? jour de Dieu! c'est par trop risible! Est-ce que je vous paye dix écus tous les ans, à la Saint-Clair, pour que vous soyez souffrante? s'écria maîtresse Gilles avec indignation. Il n'y a que les gens riches qui aient le temps d'être malades, — entendez-vous? — mais les gens de votre espèce doivent bien se porter. M'avez-vous jamais entendue me plaindre, moi? continua maîtresse Gilles en appuyant fièrement ses deux poings sur ses hanches, de manière à faire ressortir sa large poitrine. Ai-je jamais reculé devant la besogne ou regretté que la moisson fût trop abondante? Ai-je bonne mine, oui ou non? Voilà pourtant soixante ans que je me passe du médecin; et j'espère bien que ce ne sera pas lui qui me fera mourir. Le lendemain du jour où je mis mon gros Germain au monde, je ramassais de la luzerne pour les chevaux ; et c'est ce que vous ne ferez jamais, vous, parce que, si vous savez être coquette avec les garçons, vous n'apprendrez jamais comment il faut travailler pour élever sa petite famille et lui laisser du pain tout cuit quand le bon Dieu nous appelle là-haut.

Sentant que ses joues se couvraient d'une rougeur subite, Élisabeth courba la tête et se mit à pleurer.

— Des larmes maintenant ! s'écria la fermière. Ah ! pleurez donc ; et croyez que je vais vous plaindre !... Vous ne connaissez pas maîtresse Gilles, allez !... Je ne voudrais pourtant pas donner à entendre que je ne saurais pas m'attendrir à l'occasion : j'ai pitié des boiteux, des manchots et surtout des aveugles. Mais quand on a, comme vous, ses jambes et ses bras, on n'a pas le droit de mendier ; car autant vaudrait demander l'aumône que de ne pas faire sa besogne !

— Maîtresse Gilles, répondit Élisabeth en s'essuyant les yeux du coin de son tablier, je tiens à gagner le pain que je mange...

— On ne s'en aperçoit guère !

— Si je viens de pleurer, c'est uniquement le souvenir de ma mère...

— Ce n'est pas un mal de penser à sa mère, interrompit maîtresse Gilles sur un ton moins rude; mais il faut choisir le moment. Allons, voilà déjà trop de bavardage; il est temps de partir et je veux bien vous aider à seller Jacquot... Mais où diable est-il? Je suis sûre de l'avoir vu là, à deux pas de moi, il n'y a pas cinq minutes.

— Je l'aperçois, dit Élisabeth en allongeant le doigt dans la direction d'une charrette placée à l'autre extrémité de la cour.

— Il se cache!... Il est aussi paresseux que vous, dit maîtresse Gilles. Mais nous allons le saisir entre la charrette et la haie du jardin... Courez vite.

La jeune fille essaya d'exécuter les ordres de la fermière. Mais elle fut bientôt obligée de s'arrêter. Elle sentait que les jambes lui manquaient, et elle appuya la main contre son cœur, de manière à en comprimer les battements. Ce que voyant, maître Jacquot, en tacticien consommé, laissa maîtresse Gilles s'approcher à deux pas de lui, s'embarrasser les jambes dans les bras de la voiture et tendre la main pour le saisir par le cou. Aussitôt il ne fit qu'un bond et décampa, par l'espace qui restait libre, entre la haie du jardin et la charrette. Maîtresse Gilles poussa un cri de colère en apercevant Jacquot qui faisait de joyeuses gambades au milieu de la cour. Mais le malin animal avait tort de se réjouir sitôt de sa victoire. Un garçon de ferme, qui revenait des champs, le surprit par derrière, le saisit fortement à la croupe et le tint dans cette position humiliante jusqu'à ce que maîtresse Gilles et Élisabeth eussent apporté les cannes (1) à lait, qu'on lui fixa sur le dos, et le mors, qu'on lui passa dans les dents.

— Et surtout que je ne vous voie pas monter sur Jacquot ! dit sévèrement maîtresse Gilles en mettant les guides dans les mains de la jeune fille. Les vaches ne sont pas si loin que vous ne puissiez aller à pied.

Trop prudente pour répondre et trop fière pour recevoir des ordres humiliants, Elisabeth prit le parti le plus sage en feignant de ne pas avoir entendu la dernière injonction de sa maîtresse. Elle passa les guides à son bras et s'empressa de gagner la grande route, en tirant

(1) La *canne* est un grand vase en cuivre dont on se sert en basse Normandie pour traire les vaches.

derrière elle le récalcitrant Jacquot. Lorsque la jeune fille fut arrivée au haut de la côte, moitié pour reprendre haleine, moitié pour s'abandonner à ses tristes pensées, elle s'arrêta à l'entrée du petit chemin qui devait la conduire dans l'herbage où paissaient les vaches ; et, s'appuyant les coudes sur le dos de Jacquot, enchanté du répit qu'on voulait bien lui accorder, elle se prit à réfléchir. Un vieux chêne, qui se dressait sur la crête du fossé et se penchait sur la route, protégeait la jeune fille contre les rayons déjà brûlants du soleil. Les yeux d'Élisabeth suivaient tristement les nuages cotonneux qui effaçaient de temps à autre le bleu du ciel. Comme eux, sa pensée traversait l'espace et cherchait la terre regrettée, le pays où s'étaient passées ses jeunes années. Elle revoyait la maison où filait sa mère, où son père, revenu de sa rude journée de travail, la soulevait dans ses bras pour la porter à ses lèvres et oublier sa fatigue dans ce doux baiser paternel. Tout à coup le refrain d'une ronde champêtre la fit tressaillir au milieu de son isolement, comme le bruit d'une arme à feu réveille les échos d'une solitude. Elle se retourna et aperçut une vachère qui sortait du champ voisin.

— Bonjour, Élisabeth, dit cette fille.

— Bonjour, Françoise, répondit-elle. Vous m'avez fait bien peur.

— Je ne suis pourtant pas effrayante... quoique je n'aie pas un si bel amoureux que vous, reprit Françoise avec une nuance de jalousie. Au surplus, je ne m'en plains pas; car, à ce jeu-là, on perd souvent sa tranquillité.

— Viens, Jacquot, dit Élisabeth en tirant l'âne par la bride.

— Vous êtes bien fière maintenant! continua Françoise avec un méchant sourire. Vous avez l'air de fuir le monde et vous ne venez plus danser, le soir, sous les grands marronniers. Vous avez pourtant la taille plus fine que moi; vous ne devriez pas avoir honte de la montrer.

Élisabeth détourna la tête, car elle se sentait horriblement rougir. Elle s'éloigna le plus vite possible, entraînant Jacquot qui ne comprenait rien à ce changement subit d'allure. Françoise la poursuivait encore de ses railleries. Élisabeth hâta le pas et, lorsqu'elle fut arrivée près de la barrière de l'herbage où reposaient ses vaches, elle se prit à pleurer amèrement.

— Mon Dieu, que je suis malheureuse! dit-elle : me voilà forcée de rougir devant Françoise, qui passe pour la plus mauvaise fille du pays. Je suis donc perdue! je n'ai plus qu'à mourir, si, malgré mes précautions, je n'ai pu cacher... Mon Dieu! mon Dieu! que vais-je devenir?

Comme elle pleurait, elle entendit le beuglement bien connu de ses vaches qui l'avaient aperçue, près de la barrière, et attendaient impatiemment qu'on vînt les débarrasser de leur fardeau.

— Les pauvres bêtes! ne croirait-on pas qu'elles m'appellent? se dit Élisabeth.

Elle essuya ses larmes, ouvrit la barrière et entra dans l'herbage, suivie de Jacquot, qui ne se contenta pas de tondre du pré la largeur de sa langue. Les vaches quittèrent le bas de l'herbage pour venir à la rencontre de la jeune fille. Élisabeth vit une preuve d'attention dans cet empressement, qu'il était plus simple d'attribuer au besoin qu'elles ressentaient d'être délivrées du trop plein de leurs mamelles. Mais au cœur blessé tout est sujet de consolation, et ceux qui ont à se plaindre des hommes trouvent souvent un charme inconnu dans les soins qu'ils ont l'habitude de donner aux animaux. Dans les jours tranquilles, on ne songe guère à son chien que pour lui jeter, d'une façon peu polie, les quelques bribes qui composent son dîner ; mais, vienne un jour d'affliction, l'animal délaissé devient un bon serviteur ; on s'aperçoit alors, mais alors seulement, qu'il lit votre douleur dans vos yeux, qu'il a ses jappements de joie ou de tristesse, comme vous avez vos cris d'allégresse ou de désespoir ; on aime sa taciturnité et ses airs mélancoliques ; on le rapproche de soi, on lui donne les morceaux les plus délicats de sa table, on le caresse affectueusement ; on lui parle même de ses maux, comme s'il pouvait vous comprendre. Ces vers :

« O mon chien ! Dieu sait seul la distance entre nous ;
» Seul, il sait quel degré de l'échelle de l'être
» Sépare ton instinct de l'âme de ton maître!... »

ces mots charmants, Jocelyn ne les aurait pas dits s'il n'eût pas été malheureux. Élisabeth obéissait donc à cette loi mystérieuse de notre être, qui nous fait trouver, aux temps de persécution, un véritable plaisir dans la société des animaux. Tous les jours elle allait traire ses vaches, et l'idée ne lui était pas encore venue que ces pauvres bêtes lui étaient reconnaissantes des soins qu'elle leur donnait. Maintenant, il lui semblait qu'elles la regardaient avec affection ; elle passait la main sur leur museau humide, elle leur parlait comme à de vieilles amies dont elle aurait méconnu jusque-là les bons sentiments.

— Pauvres bêtes ! disait-elle ; vous, du moins, vous ne faites de mal à personne.

Et le lait jaillissait et tombait dans les grandes cannes de cuivre qui reluisaient au soleil, tandis que les bons animaux se battaient les flancs de leur queue pour en chasser les mouches. Lorsque sa besogne fut achevée, lorsqu'elle voulut remettre les cannes dans les hottes de bois que l'âne portait sur son dos, Élisabeth s'aperçut que Jacquot était allé brouter les jeunes pousses de la haie qui entourait l'herbage. Elle eut beau appeler, crier, Jacquot fit la sourde oreille. Alors elle courut du côté de l'animal indocile. Mais bientôt ses forces la trahirent ; car le terrain allait en montant, la chaleur augmentait de minute en minute, et elle sentait de grosses gouttes de sueur qui roulaient le long de ses joues. Elle s'assit sur l'herbe pour reprendre haleine. Mais il se fit en elle une si grande lassitude qu'elle se coucha sur le côté, son bras gauche replié sous sa tête. Une brise chaude courait dans les herbes, après avoir passé dans les grands arbres, dont les feuilles bruissaient comme de petites vagues qui viennent mourir au rivage ; un doux bourdonnement d'insectes s'échappait des haies voisines ; la terre était brûlante, l'air était rempli de vagues murmures, tout invitait au sommeil, et la pauvre fille ne tarda pas à s'endormir sous la voûte d'azur.

Qui pourra déterminer l'instant de raison où commence le sommeil, où finit la veille ? Qui pourra dire ce qui distingue le rêve de la rêverie ? s'ils sont séparés par un abîme, ou s'ils sont unis étroitement ?... Élisabeth s'était reportée par la pensée aux jours de son enfance ; on l'interrompt dans sa rêverie, elle dit adieu au monde des songes, elle marche, elle agit, elle fait sa tâche journalière, puis elle se repose ; et, sitôt que le sommeil a fermé ses yeux, la voilà de nouveau dans la maison de son père. Le temps a bruni le chaume que, tout enfant, elle avait vu prendre à la première moisson dont elle eût gardé le souvenir. Sa mère ne file plus près du foyer demi-éteint, dont elle remuait les cendres pour préparer le repas du soir. C'est Élisabeth qui remplit la petite chambre de son mouvement, c'est elle qui nettoie l'aire, c'est elle qui ranime le feu mourant, c'est elle qui va chercher les légumes dans le jardin, c'est elle qui console et qui soigne son vieux père invalide; car il s'est passé de grands événements depuis qu'Élisabeth est devenue jeune fille, et, comme les empires, les chaumières ont aussi leurs révolutions. La mère d'Élisabeth repose sous le vieil if du cimetière; son père n'a plus la force de travailler; c'est à elle de le nourrir. Mais, comme elle ne trouve pas de place dans le village, il faut s'expatrier. Aussi, par une belle matinée de juillet, voilà qu'Élisabeth sort de la pauvre maison en donnant le bras au vieillard. Ils se dirigent lentement vers une grande avenue où la foule afflue. C'est là que, de tous les environs, accourent les jeunes paysans qui vendent leur travail aux fermiers. Elisabeth se mêle au groupe des jeunes filles, et, comme ses compagnes, elle porte un bouquet à son corsage pour indiquer qu'elle veut entrer en condition; il y a toujours des fleurs pour cacher les misères de la vie. Un beau jeune homme s'arrête devant elle, la considère un instant, puis s'adresse au vieillard et règle avec lui les conditions du marché. C'est le fils d'un riche fermier de Sainte-Croix; son père l'a chargé de lui ramener une servante pour traire les vaches;

Elisabeth paraît pouvoir remplir ces fonctions. Le jeune homme monte sur sa bonne jument normande et fait asseoir la jeune fille derrière lui. Le vieux père embrasse encore une fois sa fille et, avant de regagner sa maison déserte, il jette un dernier regard au fils du fermier, regard où se peignaient toutes ses angoisses et qui disait : « Je te confie mon enfant, c'est mon bien le plus précieux ; respecte-la comme tu respecterais ta sœur ; le bon Dieu saura bien t'en récompenser ! » Puis la jument prend son trot habituel, emportant le dernier lien qui rattachait le vieillard à la vie... Élisabeth avait le cœur gros et faisait de grands efforts pour retenir ses larmes. Son compagnon de route respecta sa douleur ; il ne se retourna pas une seule fois pendant toute la durée du voyage ; et c'était chose vraiment singulière de voir ces deux jeunes gens si près l'un de l'autre, et pourtant si indifférents, comme s'ils eussent ignoré que Dieu leur avait réparti la jeunesse et la beauté. Mais les jours se succédèrent, et la grande douleur s'effaça. Puis vint le temps de la moisson ; les blés étaient superbes, abondants. Aussi quel mouvement, et comme la sueur roulait sur les joues, et comme on apportait de la gaîté aux repas qu'on prenait en plein air ! Maîtres et domestiques vivaient dans une douce familiarité. Mêmes travaux, mêmes peines, même table ! c'était la famille du temps des rois pasteurs ; c'était l'égalité dans toute sa plénitude. Souvent la même coupe de terre servait à deux convives, et le breuvage n'en paraissait pas plus amer à Germain quand les lèvres d'Élisabeth s'y étaient déjà trempées. Élisabeth à son tour ne pouvait s'empêcher de comparer Germain aux choses qui l'entouraient, et elle trouvait que les cheveux de Germain étaient plus blonds que les épis dorés, et elle trouvait que les yeux de Germain étaient d'un plus bel azur que le bleu du ciel... Puis vinrent les veillées ; le vieillard s'asseyait sous la grande cheminée et rappelait à ses contemporains les choses de son temps, et tous riaient à ces doux souvenirs. Mais Germain et Élisabeth ne riaient pas ; ils se regardaient, tout en feignant d'écouter ; puis, quand l'histoire avait été reprise, abandonnée et reprise une dernière fois, quand le narrateur s'endormait à la suite de son auditoire, le fils du riche fermier et la pauvre servante s'échappaient sans bruit... Puis vinrent les beaux jours, et l'on dansa sous les grands marronniers du village ; mais Elisabeth ne s'y montra pas ; les cris de joie l'attristaient...

Et là sans doute finissaient les souvenirs heureux, pour faire place à des pensées qui étreignaient cruellement la jeune fille endormie; car sa respiration devenait haletante, son sein se soulevait par bonds inégaux, et sa main se crispait comme si elle eût voulu repousser avec force l'agression d'un ennemi. Ses doigts en effet rencontrèrent un obstacle. Élisabeth se réveilla en sursaut et aperçut le gros chien de la ferme, qui semblait trouver, à lui passer la langue sur le visage, le plaisir que prend un enfant gourmand à lécher un bouquet de fraises.

— Tu ne te gênes pas, mon bon Fidèle, dit Élisabeth en s'amusant à mêler ses doigts dan les poils soyeux du chien. Au surplus, tu m'as rendu un véritable service en me réveillant; car je rêvais des choses bien tristes !... Ah! tu regardes de côté?... Ton maître ne doit pas être loin. En effet, le voilà.

La jeune fille se leva et repoussa doucement le chien, qui s'en alla rejoindre son maître pour le précéder de nouveau en aboyant joyeusement. Elle attacha l'extrémité de son tablier à sa ceinture et alla prendre une des cannes à lait qu'elle posa sur son épaule. Germain était déjà à ses côtés.

— Que faites-vous là, Élisabeth ? demanda-t-il.

— Vous le voyez : je remplis ma tâche de tous les jours.

— Quand je suis arrivé, vous étiez assise, et vous vous êtes levée subitement à mon approche...

— Comme doit le faire une pauvre servante lorsqu'elle est sous l'œil du maître, interrompit Élisabeth.

— Croyez-vous que je veuille vous reprocher de vous être reposée ?... Élisabeth, Élisabeth ! depuis quelques jours j'ai douté de vous ; je vous ai vue plus d'une fois me lancer des regards où se peignait plutôt la haine que l'amitié. Je ne m'étais donc pas trompé ! vous m'en voulez ? vous ne m'aimez plus ?

— Mon cœur n'a pas changé, répondit Élisabeth ; mais on m'a fait comprendre la distance qu'il y a entre nous. Vous êtes mon maître, je suis votre servante ; vous avez le droit de me surveiller et de me gronder quand j'oublie mes devoirs.

La jeune fille appuya la courroie de la canne

contre sa tête et fit quelques pas en pliant sous son fardeau.

— Élisabeth ! s'écria Germain avec un accent douloureux, vos yeux sont rouges : vous avez pleuré ?

— Je ne dis pas non ; mais il n'est pas défendu à une servante de pleurer, pourvu qu'elle fasse sa besogne.

— Au nom du ciel ! ne me parlez pas ainsi, reprit Germain en essayant d'arrêter la jeune fille.

— Laissez-moi, répondit-elle ; on va trouver que je suis restée trop longtemps aux champs. Je serai grondée. On m'a déjà reproché ce matin de voler le pain que je mange.

— Qui a pu dire cela ? s'écria Germain.

— Votre mère, dit Élisabeth. Vous voyez bien que vous avez tort de vous intéresser à une voleuse !

— Voyons, Élisabeth, ne vous fâchez pas ainsi. Vous n'ignorez pas que ma mère est un peu vive...

— Je ne l'ignore pas.

— Au fond, c'est une bonne femme...

— Je n'en doute pas.

— Et, malgré ses brutalités, elle vous aime.

— Oui... qui aime bien châtie bien, dit Élisabeth avec amertume.

— Elle vous excuserait, si elle connaissait votre état de souffrance...

— Elle ne le saura jamais, s'écria Élisabeth ; j'aimerais mieux tomber morte à cette place que de faire un pareil aveu !

— Mais moi, reprit Germain, moi, qui suis le vrai coupable, si j'allais me jeter aux pieds de ma mère, lui avouer notre faute, lui demander pardon pour vous et pour moi ?

— Elle vous pardonnerait, Germain, car elle est votre mère ; mais elle me mettrait honteusement à la porte... Oh ! que cela ne vous surprenne point, ajouta Élisabeth en remarquant le mouvement d'indignation du jeune homme ; la scène qui s'est passée ce matin entre votre mère et moi m'a ouvert les yeux. Malheur à moi d'avoir été jeune ! malheur à moi d'avoir manqué d'expérience ! Je ne devais pas accepter les fleurs que vous m'apportiez ; je ne devais pas m'apercevoir que vous me regardiez avec tendresse ; je ne devais pas vous savoir gré des attentions que vous aviez pour moi, des peines que vous m'épargniez ; je ne devais pas surtout vous laisser voir ma reconnaissance, ni vous avouer ma

préférence pour vous, ni vous sourire, non !
Germain, je ne devais pas vous aimer, parce
que vous étiez mon maître ! Malheur à moi ! car
vous êtes riche et vos parents voudront vous
marier à une riche fermière. Et vous aurez beau
dire que vous m'aimez, on ne vous écoutera pas;
et vous aurez beau chercher à me retenir près
de vous, moi je vous fuirai, parce que si je cédais
à vos instances, on m'accuserait de vous avoir
aimé pour votre fortune. Vous-même, vous le
croiriez peut-être plus tard... O ma mère ! Si
j'avais eu ma mère près de moi, si elle avait
existé seulement ! L'idée de me représenter
devant elle après ma faute me l'eût fait éviter...
car elle m'avait élevée honnêtement, et je n'étais pas née mauvaise. Mais Dieu me l'a enlevée
trop tôt, et le souvenir des morts n'est pas assez
puissant pour nous arrêter... O ma mère ! ma
mère ! que n'étiez-vous-là !

Germain était profondément ému. Il s'approcha de la jeune fille, prit une de ses mains dans
les siennes et lui dit avec une rude franchise :

— Élisabeth, regardez-moi bien... Je vous
aime et vous pouvez compter sur moi !

Les deux jeunes gens tombèrent dans les bras
l'un de l'autre.

Cependant Jacquot s'était rapproché insensiblement du groupe formé par le chien et par les deux amants. Il eut la malheureuse idée de vouloir se mirer de trop près dans la canne à lait, et Fidèle, qui avait un merveilleux instinct pour défendre la propriété, s'élança en aboyant à la tête du voleur. Germain se retourna, aperçut l'âne et l'arrêta par le cou au moment où il s'apprêtait à fuir. Puis, après avoir placé les cannes à lait dans les hottes de bois, il invita Élisabeth à monter sur l'âne.

— Je ne monterai pas, dit Élisabeth.

— Sérieusement?

— Sérieusement.

— Vous êtes fatiguée?

— J'en conviens; mais votre mère m'a défendu de monter sur Jacquot.

— Encore ma mère! dit Germain en haussant légèrement les épaules. C'est un tort de ne voir jamais que le mauvais côté des choses, ma chère Élisabeth. Ma mère n'est pas méchante; elle a le défaut de tenir trop rigoureusement à son droit. Ne vous sachant pas souffrante, elle s'est imaginée que c'est par paresse que vous êtes descendue si tard de votre chambre, et, pour vous punir de votre prétendue fainéantise, elle vous a condamnée à marcher à pied. Allons, j'espère que vous la connaîtrez mieux un jour, et que vous serez toute surprise de la trouver bonne et compatissante...

— Toute surprise en effet, interrompit Élisabeth avec un peu de malice.

Puis elle monta gaiement sur Jacquot; car elle n'eut pas de mal à se rendre aux raisons de son amant et à reconnaître qu'elle pouvait bien, en somme, avoir porté sur maîtresse Gilles un jugement téméraire. Tant le cœur a d'empire sur le raisonnement!

## II

### Le renvoi.

Après le départ d'Élisabeth, au moment où maîtresse Gilles se disposait à rentrer dans sa cuisine, une commotion subite ébranla l'air et fut suivie immédiatement d'un bruit sourd et prolongé. La fermière fit un bond, s'arrêta sur le seuil de sa porte et considéra avec inquiétude l'état du ciel. Le soleil brillait dans toute sa splendeur, l'horizon était pur; seulement de petits nuages blancs paraissaient à de longs intervalles dans l'azur, comme si un peintre maladroit eût laissé tomber son pinceau sur le fond de cette toile immense.

— Il n'y a pas la moindre apparence d'orage; ça ne peut pas être le tonnerre. Les oreilles m'auront tinté !

Rassurée par cette réflexion, maîtresse Gilles entra dans une grande pièce enfumée, qui servait à la fois de cuisine et de salle à manger. Elle versa de l'eau dans la marmite, agaça les tisons avec le bout des pincettes et se mit à gratter consciencieusement des légumes avec la lame de son couteau, lorsque les vitres de la croisée résonnèrent d'une façon étrange.

— Encore le même bruit ! s'écria la fermière en sautant malgré elle.

Elle prêta l'oreille et, comme elle n'entendait plus rien, elle se remit à la besogne. Mais les vitres de résonner bientôt, et maîtresse Gilles de sauter en l'air.

— J'y suis cette fois ! s'écria maîtresse Gilles, enchantée de sa découverte; boum! boum! c'est bien ça... c'est le canon.

Elle alla chercher son almanach dans son armoire et se rapprocha de la fenêtre pour le feuilleter. Aussitôt les vitres de crier :

— Boum ! boum ! boum !

— Toujours le même bruit ! dit maîtresse Gilles en tressaillant et tournant difficilement les pages avec son pouce qu'elle mouillait pourtant à ses lèvres ; voyons... nous sommes dans le mois de juin.

— Boum ! boum ! boum ! crièrent encore les vitres.

— Bon ! voilà que je tremble comme une poule mouillée... Ah ! nous y voilà : 22 juin 1786.

— Boum ! boum ! boum !

— Mais, s'écria maîtresse Gilles après avoir bien réfléchi, ce canon-là perd la tête ; car le 22 juin, c'est un jour tout à fait ordinaire.

— Du tout, ce n'est pas un jour ordinaire, maîtresse Gilles, du tout, du tout ! dit maître Gilles en entrant.

— Imbécile ! répliqua immédiatement maîtresse Gilles.

Le fermier ne fit pas la moindre attention à l'apostrophe malveillante de sa femme et s'avança, le rire sur les lèvres, jusqu'au milieu de la cuisine.

Ce n'était pas un bel homme que maître Gilles, et le fameux roi Frédéric ne l'eût certes pas choisi pour en faire un de ses grenadiers. Mais, s'il n'avait pas une grande taille, en revanche il avait une de ces bonnes physionomies qui ont le précieux privilége de pouvoir voyager partout sans passe-port. Blonds probablement dans le principe, ses cheveux, en vieillissant, avaient pris une teinte rousse qui se rapprochait merveilleusement de la couleur de certaines sauces au beurre dont on a le secret en Basse-Normandie. Ses yeux étaient petits et d'un bleu pâle. Il était douteux qu'ils se fussent jamais animés; mais ils avaient une expression de douceur et de bonté qui faisait oublier la vie qui leur manquait. Un nez en trompette, une large bouche qui souriait toujours, quelques brins de barbe qui couraient de l'oreille au menton complétaient l'ameublement de ce visage d'honnête homme. Maître Gilles portait une blouse d'un vert foncé qui lui descendait jusqu'aux genoux. Des guêtres blanches emprisonnaient le bas de ses jambes dont les mollets étaient allés, je ne sais où, faire un voyage de long cours, et ses gros souliers étaient couverts de poussière; car il était sorti avant le jour pour se rendre au marché de Bretteville-l'Orgueilleuse.

Il se tenait debout devant sa femme, la regardait en ricanant et se frappait en même temps le bout du pied avec son bâton. Les vitres résonnèrent de nouveau et répétèrent en cœur :

— Boum ! boum ! boum !

— Ah ! tu trouves que je dis des bêtises ! reprit maître Gilles en se moquant de la fermière, que la dernière explosion avait fait sauter sur sa chaise. Crois-tu qu'on va s'amuser à tirer le canon à Caen pour faire peur aux moineaux qui mangent les cerises de notre jardin ?

— Es-tu sûr que ce soit le canon ?

— Parbleu !

— Je viens de regarder dans l'almanach, et ce n'est pas un jour de fête...

— Non, mais un jour de réjouissance, interrompit maître Gilles d'un air fin.

— Tu as bien de l'esprit aujourd'hui, répliqua la fermière ; il faut que tu sois allé au cabaret ?

— Je n'aurais guère eu le temps d'y aller, puisque me voilà déjà revenu de Bretteville.

— Qu'est-ce que tu as fait à Bretteville ?

— J'y ai appris pourquoi l'on tire le canon à Caen.

— Pourquoi ?

— Devine, toi qui as de l'esprit et qui sais lire dans l'almanach.

— Les Anglais ne sont pas débarqués? demanda maîtresse Gilles avec inquiétude.

— Si pareil malheur était arrivé, je ne te répondrais pas en riant.

— Alors, c'est un événement heureux?

— En peux-tu douter?... Le roi est à Caen!

— Le roi de France! s'écria maîtresse Gilles avec admiration.

— Lui-même.

— Louis XVI?

— Louis XVI : un bien brave homme, à ce qu'on dit!

— Alors il faut atteler la jument noire à la charrette, reprit maîtresse Gilles en s'animant. Je veux voir Louis XVI. Ça doit être bien beau, un roi?

— Je n'en ai jamais vu; mais j'imagine que ça doit être tout couvert d'or!

— Et ça boit et ça mange comme nous?

— Apparemment, puisqu'on m'a affirmé qu'il a soupé hier chez la duchesse d'Harcourt.

— Et tout le monde peut le voir?

— Tout le monde! On me racontait ce matin, à Bretteville, qu'il ordonne à son cocher d'aller au pas pour qu'on puisse le voir à son aise. Il distribue des aumônes aux pauvres; il a même accordé la grâce de six déserteurs enfermés dans les prisons de Caen.

— C'est dommage que nous n'ayons pas de déserteurs dans notre famille ! murmura maîtresse Gilles.

— Qu'est-ce que tu disais ? demanda son mari.

— Rien.

— Tant mieux; ce sera moins long, pensa maître Gilles.

En même temps il déposa son bâton sur une chaise, s'assit sur un des bancs et s'appuya les deux coudes sur le coin de la table.

— Tu vas me servir à déjeuner, n'est-ce pas, petite femme ?

Cette qualification fut acceptée aussi naïvement qu'elle avait été donnée. Flattée de l'épithète, maîtresse Gilles s'empressa d'apporter devant le fermier un morceau de lard froid et du fromage. Elle poussa même la complaisance jusqu'à tirer du cidre au tonneau. Maître Gilles contemplait sa femme avec étonnement; et, comme il n'était pas habitué à de pareilles attentions, il jugea prudent d'en profiter et se laissa verser à boire sans souffler mot. Cependant la fermière n'eut pas plus tôt rempli le verre qu'elle releva, par un geste familier, le menton de son mari.

— Nous allons à Caen, n'est-ce pas, mon petit homme ?

— Pour voir le roi ?

— Sans doute.

— Il est inutile de fatiguer la jument noire.

— Alors tu me refuses ?

— Je ne refuse pas; je dis que nous n'avons pas besoin de nous déranger.

— Pourquoi ?

— Parce que c'est le roi qui se dérange lui-même.

— Deviens-tu idiot ?

— Pour aller de Caen à Cherbourg, dit tranquillement maître Gilles, il faut bien passer par ici, à moins qu'on ne prenne la mer.

— Ainsi, le roi Louis XVI va passer devant notre maison?

— Aujourd'hui même; dans moins de deux heures peut-être.

— J'en deviendrai folle ! s'écria maîtresse Gilles en se frappant dans les mains et en sautant comme une enfant.

— C'est déjà fait, pensa maître Gilles en se versant à boire.

Car, depuis qu'on n'avait plus besoin de sa jument noire, il fallait bien qu'il se résignât à se servir lui-même d'échanson.

— Et le jeune roi n'est pas fier? reprit la grosse fermière.

— On raconte qu'il s'est laissé embrasser, à l'Aigle, par la maîtresse de l'auberge où il a dîné.

— Je donnerais dix ans de ma vie pour qu'il m'en arrivât autant! s'écria maîtresse Gilles.

— Il paraît, poursuivit le fermier, qu'il adore le peuple et qu'il considère ses sujets comme ses enfants.

— La bonne nature d'homme!

— Il ressemble peu au feu roi.

— C'est son fils?

— Non, son petit-fils; il est aussi bon que son aïeul était méchant. Mais la méchanceté... c'est comme la goutte: ça saute souvent plusieurs générations.

— Je me sens déjà de l'affection pour lui, dit maîtresse Gilles.

— Et tout le monde est comme toi. La foule pousse des cris de joie sur son passage et lui jette des fleurs.

— Et nous, est-ce que nous ne lui offrirons

pas quelque chose? demanda la fermière, qui avait sur le cœur le baiser donné à l'aubergiste de l'Aigle.

— C'est une idée, ça, ma femme! répondit le paysan en se grattant la tête.

— Je vais cueillir toutes les fleurs qui sont dans le jardin.

— Ça n'est pas assez substantiel, les fleurs, remarqua maître Gilles en réfléchissant profondément.

— Ah! j'y suis! s'écria la fermière avec enthousiasme.

— Eh bien? dit le fermier, la bouche béante.

— Eh bien! j'ai deux beaux chapons...

— Ça n'est pas assez, dit maître Gilles en hochant la tête.

— Nous y joindrons le dernier né de nos agneaux. Je vais le savonner, le savonner, qu'il sera plus blanc que la neige! et lui passer autour du cou le ruban rouge que je mets les jours de fête.

— Oui, mais...

— Mais quoi?

— Qui l'offrira?

— Moi.

— Et les chapons?

— Moi, dis-je, et c'est assez ! répliqua maîtresse Gilles, qui rencontra sans s'en douter un hémistiche célèbre.

— Mais...

— En finiras-tu avec tes *mais !* s'écria la fermière... Est-ce que je ne saurai pas m'expliquer aussi bien que toi ?

— Je ne dis pas non ; mais si tu avais une *jeunesse* avec toi, ça n'en ferait pas plus mal.

— Une *jeunesse ?...* et qui donc ?

— Élisabeth, par exemple ; elle n'est pas vilaine fille ; et, en prenant ses *habits* du dimanche...

— Tais-toi !

— Elle serait présentable.

— Tais-toi ! tais-toi ! s'écria maîtresse Gilles en fermant avec sa main la bouche de son mari... N'as-tu pas honte de songer à Élisabeth, une méchante créature qui nous pille, qui nous vole, qui mange notre pain et ne fait pas le quart de sa besogne ! Cette fille-là est indigne de paraître devant le roi ; et, si je n'avais pitié de son père, je l'aurais déjà mise à la porte.

— Je ne me suis pas encore aperçu qu'il manquât quelque chose à la maison, dit timidement le fermier.

— C'est-à-dire que je mens, reprit la fermière en se croisant les bras sur la poitrine. Tu ne rougis pas de prendre la défense de cette méchante fille?... Vous êtes tous comme cela, du reste, et je suis bien sotte de m'en fâcher. Si j'avais dix-huit ans, comme Élisabeth, oh! j'aurais toujours raison, et l'on serait aux petits soins pour moi. Mais je n'ai pas dix-huit ans, et j'ai tort, parbleu! Je déraisonne, je perds la tête... C'est moi pourtant qui dirige ta maison, moi qui fais ta cuisine, moi qui reçois les voyageurs, moi qui soigne la laiterie, moi qui donne à manger à la volaille, qui écris les quittances; car tu n'es propre à rien, toi; tu n'as pas plus de tête qu'une linotte, plus d'énergie qu'une poule mouillée! Tu as tellement peur d'une querelle que tu te laisserais marcher sur le pied, voler et jeter à la porte, plutôt que de montrer que tu es un homme!... Ah! mademoiselle Elisabeth est le modèle des servantes?... Écoute, voilà dix heures qui sonnent à l'horloge; elle n'est pas encore revenue des champs, elle n'a pas encore fini de traire les vaches!... Oui, je te conseille de regarder par la fenêtre; tu pourras y rester longtemps si tu tiens à la voir revenir...

— Pas si longtemps, dit le fermier en indiquant du doigt la grande route; car la voilà avec Germain.

— Et perchée sur l'âne! s'écria maîtresse Gilles.

Rouge de colère, elle sauta par-dessus le banc, bouscula son mari, renversa deux chaises et s'élança dans la cour.

Au moment où Germain tirait l'âne par la bride pour lui faire passer le petit pont jeté sur le fossé qui séparait la cour de la route, Élisabeth aperçut la fermière qui accourait en poussant des cris furieux.

—Laissez-moi descendre, dit-elle à Germain ; autant vaut éviter une querelle, quand on le peut.

— Ma mère se calmera, soyez tranquille, répondit le jeune homme.

Lorsqu'il se retourna, il se trouva face à face avec maîtresse Gilles, qui ne cessait de crier, bien qu'elle fût tout près des jeunes gens:

— Descendra-t-elle, la fainéante, la paresseuse !

Élisabeth n'avait pas attendu cette dernière injonction pour sauter à terre. Cette prompte obéissance sembla redoubler la colère de maîtresse Gilles.

— Je vous avais défendu de monter sur Jacquot, dit-elle en montrant le poing à la servante. Vous me la tuerez, la pauvre bête !

— Quant à cela, ma mère, dit Germain avec calme, Jacquot est bien de force à porter Élisabeth.

— Jacquot est un vieux serviteur, répliqua vivement la fermière, et l'on ne doit pas abuser des gens, qui ont passé toute leur vie à travailler, pour encourager la paresse d'une demoiselle Élisabeth !... Mais, voilà ce que c'est : on n'a plus d'égards pour la vieillesse quand on ne sait même pas respecter sa mère.

— Je ne crois pas vous avoir manqué de respect, répondit simplement Germain.

— Je vous répète, poursuivit maîtresse Gilles, que vous ne devez pas aller contre mes volontés. Or, j'avais défendu ce matin à cette méchante fille de monter sur Jacquot ; quand on se lève à huit heures du matin pour aller traire les vaches, on peut bien marcher à pied ; car il n'y a plus de rosée dans les champs.

— Écoutez-moi, ma mère, dit Germain.

— J'écoute, répondit maîtresse Gilles du ton d'une personne qui a pris la ferme résolution de se boucher les oreilles tout le temps qu'on lui fera l'honneur de lui parler.

— En revenant ce matin de voir nos blés, dit Germain, j'ai rencontré Elisabeth dans l'herbage où sont les vaches; elle était étendue à terre et dormait profondément...

— C'est probablement pour dormir qu'on l'a louée !

— Elle s'est réveillée à mon approche et m'a dit qu'elle était souffrante.

— Toujours l'excuse des paresseux !

— Et comme elle avait grand'peine à marcher, je n'ai cru faire que mon devoir en l'engageant à monter sur Jacquot.

— Malgré ma défense !

— Je ne la connaissais pas... D'ailleurs, je pense que vous en auriez fait tout autant à ma place, si vous aviez vu sa pâleur et son abattement; car je vous sais bon cœur.

— Je le crois pardine bien que j'ai bon cœur !... on en abuse assez ! répondit la fermière qui ne parut pas tout à fait indifférente à ce compliment.

Germain s'imaginait avoir gagné la cause d'Elisabeth. Malheureusement maître Gilles, qui avait observé de la fenêtre de la cuisine ce qui se passait dans la cour, eut la fâcheuse idée de venir se mêler au débat. A la vue de son mari, la fermière se rappela la discussion qu'elle avait eue avec lui, et sa mauvaise humeur prit des proportions telles qu'aucune puissance humaine n'eût été capable d'arrêter le débordement de paroles qui sortit de sa bouche.

— Bon! voilà l'autre, maintenant! s'écriat-elle en lançant à son mari un regard furieux... Ne suis-je pas la plus malheureuse des femmes! Mon fils et mon mari se donnent la main pour me tourmenter. Mais, au lieu de me faire mourir ainsi à petit feu, mettez-moi à la porte de chez nous!... Vous pourrez alors garder votre Elisabeth, puisque vous avez besoin de cette fille-là pour vivre... Oui, oui! c'est une excellente créature; elle n'est pas paresseuse, elle n'est pas malhonnête, elle ne vole pas ses maîtres, c'est la brebis du bon Dieu!... Allez donc l'embrasser, Germain; épousez-là même, si bon vous semble; et vous, maître Gilles, chassez-moi de la maison, j'irai mendier mon pain sur la grand'route... C'est moi qui suis la voleuse, c'est moi qui suis la fainéante!.. Voyons, poussez-moi sur le chemin et tâchez de vous remuer un peu!

La recommandation n'était pas inutile; car maître Gilles et son fils restaient immobiles et silencieux.

Chez le fermier, c'était stupéfaction, étourdissement, timidité et habitude de supporter sans se plaindre les orages domestiques; chez Germain, au contraire, c'était consternation, désespoir. Ses yeux étaient tournés du côté d'Elisabeth, qui s'était assise sur le banc de pierre, au pied d'un poirier dont les branches s'attachaient comme autant de bras au mur de la maison. La jeune fille avait caché sa tête dans ses mains, et de grosses larmes roulaient le long de ses joues. Germain entendait de sa place les sanglots qu'elle cherchait à retenir. Il ne put supporter plus longtemps ce spectacle et son secret lui échappa. Comme le joueur qui risque sa fortune sur un coup de dés, il risqua tout, dans un aveu que lui arrachèrent sa douleur et ses remords, tout, jusqu'à son amour pour Elisabeth, jusqu'à l'avenir de la pauvre fille.

— Vous êtes ma mère? dit-il en serrant avec émotion les mains de la fermière.

— Pour mon malheur! répondit-elle.

— Et vous, vous êtes mon père? reprit-il en s'adressant à maître Gilles.

Habitué à la soumission la plus absolue, le brave homme sembla chercher dans les yeux de sa femme un signe d'assentiment.

— Vous devez donc m'aimer comme votre fils? poursuivit Germain.

— Pour cela, ça ne fait pas de doute! dit le fermier en embrassant le jeune homme.

Quant à maîtresse Gilles, elle se tenait toujours sur la défensive.

— Et vous désirez mon bonheur? continua Germain.

— C'est encore vrai, dit le fermier.

— Eh bien! supposez que le bon Dieu, au lieu de vous accorder un garçon, vous ait donné une fille...

— Ça m'aurait mieux convenu! interrompit maîtresse Gilles.

— Supposez encore, poursuivit Germain, que vous soyez dans la pauvreté et que votre fille soit obligée pour vivre de se louer comme servante dans une ferme. Votre fille est belle, le fils du fermier s'en aperçoit, il l'aime, il ne le lui cache pas, et la pauvre enfant l'écoute pour son malheur à elle... Que doit faire le fils du fermier?

— Si ce garçon-là a du cœur, dit maître Gilles, il doit en faire sa femme.

— Et si son père s'y oppose? demanda Germain.

— Il aurait tort, répondit le brave homme. Il pourrait bien, sans doute, gronder son fils; mais il ne devrait pas causer, par son refus, la perte de la jeune fille.

— Eh bien, mon père, grondez-moi! dit Germain en fondant en larmes et en tombant dans les bras du vieillard; car le fils du fermier c'est moi, et la servante c'est Elisabeth.

Le brave homme serra son enfant contre son cœur avec une grosse émotion. Cette confidence renversait bien des projets; mais les beaux rêves qu'il avait caressés s'évanouirent sans peine, sinon sans regrets, pour faire place aux sentiments d'honnêteté qui faisaient le fond de son caractère; et le pardon s'échappa de ses lèvres avec le dernier baiser qu'il donna à son fils.

Cependant, maîtresse Gilles n'avait pas eu besoin d'attendre la fin de l'apologue pour en comprendre la moralité; car les femmes, dans quelque milieu social que le sort les ait placées, surpassent de beaucoup les hommes en finesse, et rien n'est plus merveilleux que leur aptitude à deviner les choses les plus impénétrables, pour peu qu'il s'y mêle de l'amour ou tout autre sentiment délicat. Elle n'eut pas plus tôt entendu les premiers mots de la confidence que, sans s'inquiéter de la détermination que prendrait son mari, elle courut rapidement vers la maison. Elle monta à sa chambre, ouvrit son armoire, compta dix écus dans sa main et redescendit quatre à quatre les marches de l'escalier. Son visage, si coloré d'ordinaire, était presque pâle et ses lèvres tremblaient. Élisabeth était toujours assise sur le banc de pierre et pleurait. Maîtresse Gilles s'approcha de la jeune fille, dont elle écarta brusquement les mains, et lui jeta les pièces de monnaie sur les genoux.

— Voyez, dit la fermière, s'il y a bien dix écus. Je ne vous dois que onze mois; mais je vous paie l'année entière, afin d'être débarrassée plus tôt de vous.

— Vous me mettez à la porte? dit Elisabeth.

— Ça me paraît clair.

— Vous êtes mécontente de moi? Je ne travaille pas assez?

— Il s'agit bien de cela! s'écria maîtresse Gilles avec indignation.

— Germain a parlé! se dit Élisabeth en retombant sur le banc de pierre, je suis perdue!

D'abondantes larmes s'échappèrent de ses yeux, et sa tête s'affaissa sur sa poitrine, comme une fleur qui plie sous le poids de la rosée.

— Ramassez votre argent, reprit durement la fermière en montrant les pièces de monnaie qui avaient roulé à terre.

Ces paroles rappelèrent Élisabeth au sentiment de sa position ; elle fit un violent effort sur elle-même et se leva.

— Merci! répondit-elle en détournant la tête.
— Vous les dédaignez?
— J'aime mieux vous avoir servie pour rien!
— Pour rien, dites-vous? répliqua brutalement maîtresse Gilles ; et vous avez fait le malheur de mon fils!

Ces derniers mots firent tressaillir la jeune fille. Elle leva noblement la tête et obligea la fermière à baisser les yeux sous son regard.

— Maîtresse Gilles, dit-elle, apprenez que le malheur n'a frappé chez vous qu'une seule personne, et cette personne, c'est moi! Si je ne respectais votre mari, si je ne... pardonnais à Germain, je ne partirais pas d'ici sans vous maudire... Vous comprendrez plus tard combien vous avez été injuste et cruelle à l'égard d'une pauvre enfant, qui ne se croyait pas en danger sous votre toit... Je ne demande pas d'autre vengeance; et, lorsque je sortirai de cette maison, d'où vous me chassez indignement, pas une parole de haine ne s'échappera de ma bouche... Je trouverai peut-être même la force d'appeler sur elle la bénédiction du ciel.

A ces mots, elle disparut dans l'intérieur de la maison.

Le fermier et son fils, après le premier épanchement, furent tout surpris de ne plus voir maîtresse Gilles à leurs côtés; ils l'aperçurent bientôt près de la porte de la cuisine et marchèrent à sa rencontre.

— Tu sais tout? dit le fermier en s'essuyant les yeux du revers de sa manche, et tu pardonnes à Germain?

— Il le faut bien, répondit la fermière en se baissant pour ramasser les écus qui étaient restés au pied du banc.

— Qu'est-ce que c'est que cet argent? demanda maître Gilles?

— Ce sont les gages d'Élisabeth.

— Tu la paies d'avance?

— Je la mets à la porte.

— Vous la chassez! s'écria Germain. Voyons... vous plaisantez, ma mère?

— Je ne plaisante pas ; je ne veux pas garder une fille de mauvaise vie chez moi.

— Mais c'est moi qui ai fait tout le mal! reprit le jeune homme.

— Et c'est à moi de le réparer, répondit la fermière.

— Tu as tort, ma femme, hasarda maître Gilles.

— Tais-toi, lui dit maîtresse Gilles; cela ne te regarde pas.

— Comment! mon père, vous souffrirez une pareille indignité? dit Germain en voyant le fermier se préparer à la retraite.

— Petite pluie abat grand vent, lui répondit maître Gilles à voix basse; dans moins d'une heure ta mère ne songera plus à renvoyer sa servante.

— Vous vous trompez, dit la fermière, car la chose est déjà faite. Élisabeth a reçu son congé. Elle ne dormira pas cette nuit sous mon toit.

— Ah! ma mère, s'écria Germain en éclatant en sanglots, il eût mieux valu ne pas me mettre au monde.

## III

### Louis XVI.

Les détails que maître Gilles avait recueillis à Bretteville sur l'arrivée prochaine de Louis XVI étaient exacts. Le jeune roi avait quitté Versailles le 21 juin 1786, pour se rendre à Cherbourg. Il arriva dans la soirée du 21 au château d'Harcourt, où il passa la nuit, et le 22, à dix heures du matin, il s'arrêta à Caen, sur la place des Casernes, et reçut des mains du comte de Vandeuvre les clefs de la ville. La foule s'était portée au devant du roi, qui recevait avec bonté les placets qu'on lui faisait parvenir. Ce fut seulement à l'extrémité de la ville qu'il permit à ses cochers de lancer les chevaux. Le temps était magnifique. Louis XVI ne se lassait pas d'admirer les moissons qui couvraient la campagne. Il prenait une joie d'enfant à passer la tête à la portière, pour mieux respirer la senteur des champs; et, se retournant vers ses compagnons de route, le prince de Poix, les ducs de Villequier et de Coigny : — Convenez, messieurs, leur disait-il gaîment, que Virgile avait raison de conseiller aux Romains de déserter leurs villas pour aller chercher de douces émotions au sein de la campagne.

Et les carrosses de la cour passaient si rapides que les arbres de la route semblaient courir à toutes jambes le long des fossés, et qu'un nuage de poussière se roulait en tourbillons épais à l'arrière des voitures. Mais, à chaque village, Louis XVI ordonnait de ralentir la marche et se montrait aux paysans qui saluaient son apparition par des cris de joie. Lorsqu'on fut sorti de Bretteville-l'Orgueilleuse, le roi parut regretter de ne pas s'être arrêté dans ce village. Le grand air lui avait ouvert l'appétit.

— Sa Majesté trouvera bientôt ce qu'elle désire, dit le duc de Villequier.

— Vous croyez? demanda Louis XVI.

— J'en suis certain, car j'ai parcouru cette route à cheval; et, dans moins de dix minutes, nous rencontrerons une auberge sur la droite, au bas de deux côtes.

— A merveille! s'écria joyeusement Louis XVI; nous allons faire un repas en plein air, comme de vrais bergers.

Tandis que le roi sortait de Bretteville-l'Orgueilleuse, un silence solennel régnait dans la grande cuisine de maîtresse Gilles. On n'entendait que le bruit sec des sabots qui frappaient l'aire ou le tic-tac monotone du balancier de l'horloge. Mais voilà qu'une rumeur extraordinaire, accompagnée de convulsions, éclate soudain dans cette petite boîte carrée, comme si l'être animé qu'elle semblait retenir prisonnier entre ses parois eût voulu briser ses chaînes... et midi sonna. Ce fut comme un coup de théâtre, — car c'était l'heure du dîner — et maîtresse Gilles remplit à elle seule de son mouvement toutes les parties de son immense cuisine. Les assiettes, qu'on aurait pu considérer comme les pièces principales d'un vaste échiquier, s'alignèrent sur les bords de la table ; les couteaux et les fourchettes se placèrent à leur droite, en guise de cavaliers ; les verres se posèrent carrément en tête, sur la première ligne, en guise de pions, et les pots de cidre furent plantés comme des tours aux quatre coins de la table. Lorsqu'elle vit arriver les hommes de journée, maîtresse Gilles apporta la soupière, d'où sortait un épais nuage de fumée. Mais personne n'y toucha ; on attendait le fermier et son fils. Enfin maître Gilles parut. Sa physionomie n'avait rien de rassurant ; sa bouche, fendue évidemment pour un sourire perpétuel, se contractait en grimaçant, comme lorsqu'il avait du chagrin.

— Tu ne l'as pas trouvé!... je vois bien cela à ta mine, s'écria maîtresse Gilles, sans donner à son mari le temps de s'expliquer.

— Que peut-il être devenu, notre pauvre Germain? dit le fermier en se laissant tomber sur une chaise avec accablement.

— Vous ne l'avez pas vu, vous autres? demanda maîtresse Gilles aux gens de la ferme.

— Non, répondirent les domestiques.

— Tu ne manges pas? reprit la fermière en se tournant vers son mari.

— Je n'ai pas faim.

— Poule mouillée! s'écria dédaigneusement maîtresse Gilles en emplissant son assiette jusqu'aux bords... Il se retrouvera, ton fils, il se retrouvera, parbleu!... Il est allé prendre l'air... Ah! mon Dieu! qu'entends-je? s'écria de nouveau maîtresse Gilles; et, pour la première fois de sa vie, elle laissa tomber son assiette, qui couvrit l'aire de soupe et de morceaux de faïence... C'est le roi!

A ce mot, tous les gens de la ferme quittèrent leur place, jusqu'à maître Gilles, qui, s'il n'avait pas d'appétit, retrouva du moins des jambes pour la circonstance; et tout le monde, maîtres et domestiques, se précipita à l'entrée de la maison. C'étaient bien, en effet, les carrosses de la cour qui descendaient la côte au grand galop de quatre chevaux.

— Et mes chapons ? s'écria maîtresse Gilles avec désolation. Qu'on aille me chercher mes chapons !

Un garçon de ferme se détacha du groupe pour obéir aux ordres de sa maîtresse.

— Et mon agneau ?

— Le voici, dit le fermier en saisissant le pauvre petit animal qui passait à côté de sa mère. Mais il n'est pas décrotté.

— Tant pis ! répondit maîtresse Gilles.

En même temps elle fit ranger toute sa petite armée de valets et se mit à leur tête, tandis que son mari, placé modestement à deux pas en arrière, tenait dans ses bras les chapons et l'agneau. Puis elle se prépara à marcher au devant des voitures. Mais elle s'arrêta subitement, recula en trébuchant et ne retrouva son équilibre que sur les pieds de son mari.

Le roi était descendu de voiture, accompagné de plusieurs seigneurs de sa suite, auxquels il montrait la maison avec des gestes qui pouvaient faire penser qu'il avait le désir d'y entrer. Et telle était bien son intention ; car le petit cortége se mit en marche, franchit le pont jeté sur le fossé et s'avança dans la cour.

Maîtresse Gilles n'était pas préparée à cet événement. Sa fermeté l'abandonna. On la vit même trembler et jeter autour d'elle un regard désespéré, comme si elle eût appelé quelqu'un à son aide. Ce n'était plus l'arrogante fermière qui faisait retentir la maison de sa voix formidable ; ce n'était plus maîtresse Gilles campée fièrement, les deux poings sur les hanches, et gourmandant sans pitié les domestiques. Quant au fermier, il n'était pas étonnant que ses deux genoux se donnassent de fréquents et involontaires baisers. Le pauvre homme tremblait ; la peur lui fit lâcher les deux chapons, qui s'enfuirent, et l'agneau, qui s'en alla promptement rejoindre sa mère.

Cependant le roi approchait toujours. Il n'était plus qu'à vingt pas du groupe formé par les deux fermiers et leurs domestiques.

— Et mes mains qui sont encore toutes noires de charbon ! s'écria douloureusement maîtresse Gilles. Voyons, Jean, dit-elle à son mari, tu peux bien recevoir le roi pendant que je vais aller les nettoyer ?

— Essuie-les à ton tablier, répondit le fermier plus mort que vif.

— Et mon bonnet que je porte depuis le commencement de la semaine?

— Et mes souliers tout pleins de poussière! répliqua le paysan.

— Et mon fichu déchiré! continua la femme.

— Et mon gilet sans boutons! répondit le mari.

— Je vous répète que vous êtes superbe comme cela, Jean! s'écria maîtresse Gilles.

Aussitôt elle se fit, à coup de coudes, une trouée à travers les domestiques et disparut dans la maison.

Le roi n'était plus qu'à six pas de maître Gilles.

Le pauvre fermier se tordait les mains et la sueur lui roulait sur le visage. Il essaya d'appeler maîtresse Gilles, Élisabeth, Germain même qu'il savait absent. Mais la voix lui fit défaut. Comme le roi approchait toujours, comme la fuite était devenue impossible, le paysan ôta respectueusement son bonnet de laine et se plia en deux, n'osant ni se relever, ni détacher les yeux de l'extrémité de ses pieds qu'il trouvait encore plus laids et plus difformes que de coutume.

— Allons, brave homme, relevez-vous, dit Louis XVI en lui frappant amicalement sur l'épaule.

Mais maître Gilles se baissa encore plus bas, de sorte que ses longs cheveux roux semblaient prendre racine dans le sol. Sur une nouvelle invitation du roi, il se décida à se redresser. Seulement son corps se balança longtemps encore avant de reprendre son équilibre, comme ces arbustes qu'on a ployés avec la main et qui s'inclinent plus d'une fois avant de rester immobiles.

— Vous servez à boire et à manger, comme cela est écrit là-bas au-dessus de votre porte? reprit Louis XVI après l'avoir rassuré de son mieux.

— Oui, Ma-ma-majesté, bégaya maître Gilles.

— Voyons, qu'allez-vous me donner à manger?

— Ma-majesté, tout ce que nous avons est à votre service. On va tuer toute la volaille, s'il le faut...

— Mais il ne le faut pas! dit Louis XVI, que les protestations du fermier amusaient étonnamment. Je ne voudrais pour rien au monde être la cause d'un tel massacre! Je n'ai pas, d'ailleurs, l'intention de faire un dîner en règle. Une simple collation, voilà tout.

— Mon Dieu! mon Dieu! si ma femme était là seulement! s'écria maître Gilles au désespoir de ne pouvoir trouver quoi offrir à son souverain.

— J'aurais été enchanté de la voir, dit Louis XVI; mais, puisque le malheur veut qu'elle ne soit pas là, je m'en rapporte à vous. Vous désirez me donner de trop bonnes choses? vous voulez me gâter, j'imagine? Aussi, pour vous mettre à votre aise, je vous demanderai si vous avez des œufs?

— C'est si commun!

— Pas tant que vous le pensez, s'ils sont frais.

— Oh! quant à cela, on va les prendre au poulailler.

— Très-bien. Et du beurre?... en avez-vous?

— On vient de le faire.

— Voilà un repas magnifique! s'écria joyeusement Louis XVI. Vous voyez, brave homme, que je ne suis pas si difficile... Eh bien, qu'y a-t-il encore? demanda le roi en remarquant que maître Gilles se grattait l'oreille d'une manière désespérée.

— C'est que... la cuisine... balbutia maître Gilles, la cuisine est bien sombre, et Sa Majesté est habituée à manger dans de si beaux appartements !

— C'est cela qui vous embarrasse ?... Mais, y a-t-il à Versailles une salle à manger avec un plus beau plafond que celui-là ? dit Louis XVI en faisant admirer à ses gentilshommes la pureté du ciel.

— Sa Majesté consent à manger en plein air ? demanda maître Gilles en ouvrant de grands yeux ébahis.

— En plein air, mon cher hôte ! répondit le roi. Et voici ma place toute trouvée, ajouta-t-il en se dirigeant vers le banc de pierre placé près de la porte d'entrée.

Maître Gilles, devinant l'intention du roi, ôta sa veste, l'étendit avec soin sur la pierre et entra dans la maison.

Cependant deux garçons de ferme apportèrent une petite table devant le roi, et maître Gilles reparut bientôt dans sa belle blouse des dimanches. Il déposa un couvert sur la table, après avoir eu soin, toutefois, d'essuyer le verre avec le bas de sa blouse. Puis il demanda au roi quelle boisson il fallait lui servir.

— Vous avez donc le choix ? dit Louis XVI.

— Majesté, j'ai encore une vieille bouteille de vin qui nous est restée du baptême de notre fils.

— Eh bien ! gardez-la pour le jour de son mariage... On aura soin, ajouta-t-il en s'adressant à ses familiers, de compléter le caveau de ce brave homme.

— Alors... nous n'avons plus que du cidre à offrir...

— Très-bien ! Servez-moi du cidre et apportez-moi de votre pain de ménage. Je me sens un appétit d'enfer !

Le roi fut promptement obéi. Comme il ouvrait un œuf après avoir coupé une tranche de pain, il crut s'apercevoir qu'on lui frappait de temps à autre sur le bas de la jambe. Il regarda de côté et vit le gros chien de ferme qui se permettait, contre toutes les lois de l'étiquette, de caresser avec sa patte les mollets de son souverain.

— Ah ! je devine ce que tu veux, toi ! dit Louis XVI en lui jetant un morceau de pain que le barbet attrapa avec la dextérité d'un jongleur accompli.

Mais, comme le barbet avait un appétit déréglé, il renouvela ses demandes avec tant d'insistance que maître Gilles en fut tout scandalisé.

— Fi donc ! vilaine bête ! s'écria le fermier ; vous devriez rougir de tourmenter ainsi Sa Majesté !

Cette apostrophe bien sentie ne paraissant pas toucher le compagnon de table du roi, maître Gilles s'arma d'un gourdin dont il montra le gros bout au parasite à quatre pattes.

— Laissez-le, dit Louis XVI en passant amicalement la main sur la tête de son protégé ; il ne me gêne pas. Comment l'appelez-vous ?

— Sauf votre respect, Majesté, il s'appelle Fidèle.

— Fidèle ? A coup sûr ce n'est pas un chien de cour, dit Louis XVI en souriant.

— Pardon, Majesté, répondit maître Gilles, qui n'avait pas compris le jeu de mots : il n'y a pas son pareil comme chien de garde.

La nouvelle de l'arrivée de Louis XVI s'était vite répandue, et l'on voyait accourir de tous côtés les habitants de Sainte-Croix. Ils se tenaient respectueusement à distance, le cou tendu dans la direction du roi, et suivant curieusement le moindre de ses mouvements, comme s'ils eussent été surpris de le voir manger comme un homme ordinaire. Le bruit des cloches se fit bientôt entendre, et ce signal officiel décida les retardataires à déserter le village. A cet instant la porte de la cuisine s'ouvrit, et maîtresse Gilles parut sur le seuil dans ses plus beaux atours. Un grand tablier de soie, qui miroitait au soleil comme la gorge de ses pigeons, couvrait sa poitrine et descendait jusqu'au bas de sa jupe d'un rouge éclatant. Un immense bonnet, en forme de cathédrale, étalait au vent ses ailes de papillon et couronnait dignement cet imposant édifice.

La fermière se dirigea vers le groupe des courtisans, qu'elle salua jusqu'à terre, pensant que le roi devait en faire partie. Mais, lorsqu'en se retournant, elle aperçut Louis XVI assis à la petite table et étendant tranquillement son beurre sur une tranche de pain, elle entra dans une colère impossible à rendre et, saisissant rudement son mari par le collet :

— Malheureux ! s'écria-t-elle, tu as eu la bêtise de laisser Sa Majesté dehors !... Tu ne sauras donc jamais rien faire comme les autres !

— Pardon, dit Louis XVI qui avait grand'peine à garder son sérieux, c'est moi qui l'ai voulu... Vous pouvez lâcher maître Gilles.

— C'est ma femme, dit le fermier en faisant

une sorte de présentation de maîtresse Gilles, quand il fut échappé de ses griffes.

— Je l'ai deviné tout de suite, répondit le roi en souriant. Elle a vraiment bonne mine, votre femme !

— Sa Majesté est bien honnête, dit maîtresse Gilles en exécutant la plus belle de ses révérences.

Mais le roi ne s'occupait déjà plus d'elle. Son attention s'était reportée sur la foule des paysans qui remplissaient la grande route.

— Allez avertir ces bons villageois qu'on leur permet d'entrer dans la cour, dit Louis XVI à une personne de sa suite; s'ils ont quelque demande à me faire, je suis prêt à les entendre.

On se rappelle qu'Elisabeth, après la querelle qui s'était élevée entre maîtresse Gilles et son fils, refusa de recevoir le paiement de ses gages et alla se réfugier dans sa mansarde. Elle se jeta à genoux devant son lit, la tête appuyée contre les draps et les mains levées au ciel. Combien de prières entrecoupées de sanglots montent ainsi chaque jour vers Dieu ! Qu'il est bon de se retrouver ainsi tout seul, loin du monde, et de sonder impitoyablement les plaies de son âme !

Qui pourrait songer en ces moments redoutables à se déguiser la vérité? Les déguisements sont bons pour des chagrins d'enfant; mais, quand toutes les cordes de la douleur ont vibré en nous, il n'est plus possible d'être hypocrite envers soi-même.

Elisabeth pleura amèrement; mais, après le premier tumulte de ses passions, elle examina plus sérieusement la conduite de la fermière; elle s'avoua que la plupart des mères eussent agi comme sa maîtresse. Elle se trouvait même des torts, sans pouvoir toutefois excuser les brutalités et surtout l'arrogance de la fermière. Car ce qu'on pardonne le plus difficilement chez les autres, ce sont moins les mauvais traitements que l'orgueil immodéré qui cherche à nous humilier. Elisabeth était arrivée à cet état d'abattement physique où l'âme, se détachant de la terre, se rapproche du ciel par la prière. Alors ses larmes coulèrent moins brûlantes; ses soupirs ne déchirèrent plus sa poitrine et l'indulgence entra dans son cœur.

Pleine de résignation, elle se leva pour commencer ses préparatifs de départ. Au même instant on frappa à la porte de sa petite chambre.

— Entrez, dit-elle.

La porte s'ouvrit et Germain tomba aux genoux d'Elisabeth.

— Oh! pardonnez-moi! s'écria-t-il en sanglotant. Ne me maudissez pas, Elisabeth!

— Vous maudire! dit la jeune fille en pâlissant... Il faudrait alors commencer par me maudire moi-même. Car... vous, du moins, vous aviez pour excuse le peu d'importance de votre faute, et l'irréflexion de votre âge vous fermait les yeux sur le reste; tandis que moi, je devais savoir quel avenir je me préparais!...

— Ne partez pas, Elisabeth, je vous en supplie, restez près de nous. Ma mère oubliera tout; elle finira par vous aimer et vous appeler du doux nom de fille.

— Ce sont des rêves tout cela, mon bon Germain!... D'ailleurs, je ne consentirais jamais à être votre femme.

— Vous ne m'aimez donc plus?

— Je vous aime toujours. Mais la souffrance m'a vieillie; et j'ai réfléchi à bien des choses auprès desquelles je passais étourdiment jadis, et je me suis dit que la femme doit, avant tout, défendre sa pureté... Lorsqu'un homme a perdu l'honneur, on dit qu'il a été lâche et tout le monde le méprise. Notre honneur à nous, c'est notre vertu! Lorsque nous n'avons pas su la garder, nous sommes lâches comme l'homme qui a manqué à l'honneur. Je ne voudrais pas épouser un homme lâche... Vous ne pouvez épouser une femme sans vertu.

— Elisabeth, Elisabeth! dit Germain, ne vous jugez pas ainsi!

— Je parle comme le monde...

— Je me moque du monde et de ses jugements. Je ne sais qu'une chose: c'est que je vous estime, c'est que je vous aime!... Ne partez pas!

— C'est impossible! on m'a chassée d'ici.

— Et moi je vous dis d'y rester! Je suis le maître après tout! et ma mère ne me tiendra pas toujours...

— Une brouille avec votre mère? Voilà ce que je veux éviter à tout prix. Je vais partir.

— Pour aller?

— Chez mon père. Il n'y a que Dieu et lui qui puissent me pardonner.

— Mes larmes ne vous fléchiront pas?

— Ma résolution est prise.

— Eh bien! vous ne partirez pas seule! dit Germain.

Et le jeune homme sortit sous le coup d'une

terrible émotion. Elisabeth resta quelques instants immobile, les yeux fixés sur la porte qui venait de se refermer. Puis elle éclata en sanglots.

— Mon Dieu! dit-elle, est-ce que la punition ne dépasse pas la faute?

Elle promena un regard désolé sur les murs de sa petite mansarde, dont chaque meuble était un souvenir. C'étaient le lit, où elle goûtait un si doux sommeil, le bénitier de faïence surmonté d'un Christ où elle puisait pieusement de l'eau bénite tous les matins à son réveil, la petite table sur laquelle elle lisait le dimanche, la chaise sur laquelle elle se berçait en pensant à son père infirme, à sa mère qui reposait sous le vieil if du cimetière, à ses amis d'enfance. Elle se sentait le cœur gros à l'idée de quitter ces vieilles connaissances qui l'avaient vue rêver, prier et pleurer! Et cette admirable campagne que l'on apercevait de la fenêtre! et ce bois sombre qui s'arrondissait à l'horizon comme une épaisse chevelure! et le clocher d'Audrieu qui se détachait en noir sur le bleu du ciel! Que de poésie, à l'heure des adieux, dans toutes ces choses qui lui paraissaient autrefois insignifiantes!...

Mais voilà que de riches voitures descendent la côte à grand bruit et viennent troubler sa rêverie. Elisabeth, qui tenait à rester avec ses pensées, referma la fenêtre. Elle plia soigneusement ses robes et grossit son paquet de tous les autres objets de toilette. Une rumeur extraordinaire partait d'en bas et montait jusqu'au toit; mais la jeune fille n'eut pas un instant l'idée d'ouvrir la fenêtre. Elle prit une dernière fois de l'eau bénite sous le vieux crucifix, jeta un dernier regard autour d'elle et descendit lentement les marches de l'escalier.

Il faut renoncer à peindre sa surprise et son effroi, lorsqu'elle aperçut la foule qui remplissait la cour. Elle voulut revenir sur ses pas; mais il n'était plus temps. Françoise, la servante qui s'était moquée d'elle si méchamment le matin, s'approcha d'elle et, feignant une compassion hypocrite :

— Vous avez l'air bien triste? lui dit-elle. Cela ne convient guère dans un pareil jour !

La méchante fille avait eu soin d'élever la voix pour être entendue des personnes qui l'entouraient. Tous les regards se portèrent aussitôt sur la pauvre Élisabeth, qui, rougissant et pâlissant, subit dans ces courts instants le plus affreux supplice qu'ait jamais enduré créature humaine.

Louis XVI avait fini son repas et parlait avec bonté aux paysans. Il fut un des premiers à entendre la remarque perfide de Françoise. Il regarda Élisabeth et fut frappé de son air d'abattement.

— Laissez approcher cette enfant, dit-il.

La foule ouvrit ses rangs. Mais, soit qu'elle n'eût pas entendu les paroles de Louis XVI, soit qu'elle n'eût pas la force de faire un mouvement, Élisabeth demeura debout à la même place, les yeux obstinément fixés sur le sol. Touché de sa position, le roi s'approcha d'elle et l'interrogea avec la plus grande douceur.

— Elle ne mérite pas que Sa Majesté s'occupe d'elle, s'écria maîtresse Gilles en accourant près du roi.

— Pourquoi? demanda Louis XVI sans se retourner.

— Parce que c'est une malheureuse!...

— Vous devriez savoir, interrompit le roi, qu'il faut toujours avoir pitié des malheureux!

Il serait difficile d'imaginer quelle fut la stupeur de maître Gilles quand il aperçut Élisabeth entre la fermière et le roi. Il eut cependant le courage de venir au secours de la jeune fille; et on le vit se placer bravement entre Louis XVI et sa femme qui n'osa ou ne put rien dire, tant elle fut étonnée d'un pareil trait d'audace.

— Que puis-je faire pour vous? disait en ce moment Louis XVI à Élisabeth.

— Tout! Majesté, répondit maître Gilles en avançant sa bonne figure qui n'eut jamais depuis ce jour un tel air de résolution. Vous pouvez la sauver du déshonneur! ajouta-t-il à voix basse, de manière à n'être entendu que du roi.

— Cette fille a failli chez vous?

— Chez moi, Majesté. Et mon fils Germain est décidé à l'épouser...

— Ah! vous avez un fils? Je comprends tout maintenant. Cette enfant est moins coupable que je ne l'avais pensé... Mais alors, si vous consentez au mariage, il n'y a plus d'obstacle...

— Pardon, interrompit maître Gilles, il y a ma femme.

— C'est vrai, dit Louis XVI en souriant; vous me faites toucher du doigt un abus que je ne pourrai cependant pas supprimer dans mon royaume. Et quelle est la cause de son opposition?

— L'argent, Majesté... Élisabeth n'a pas un sou vaillant.

— Je m'en doutais, dit Louis XVI.

Il appela l'un de ses gens et lui parla à voix basse. Quelques instants après, on apportait au roi une bourse remplie d'or qu'il présenta à Élisabeth.

Mais la jeune fille était dans une prostration semblable à celle du condamné à mort, qui entend les rumeurs de la foule sans pouvoir distinguer le sens des paroles qui se disent autour de lui. Désespéré de la voir insensible aux bontés de Louis XVI, maître Gilles s'approcha d'elle et lui cria de toutes ses forces : « Répondez donc, Élisabeth; c'est le roi de France qui vous parle! » Elle tressaillit, comme une personne qui sort brusquement d'un mauvais rêve, leva les yeux et rencontra le regard du roi.

— Je vous dote en faveur de votre enfant, lui dit Louis XVI; vous pourrez épouser Germain.

— Oh! merci! s'écria Élisabeth en tombant à genoux. Je demanderai à Dieu qu'il vous accorde de longs jours, et mon enfant mêlera votre nom à ses prières.

Comme elle achevait de parler, ses forces l'abandonnèrent, et, sans le fermier, elle fût tombée à terre. Les paysans poussèrent des cris de joie et firent retentir les airs de leurs acclamations. Une seule personne ne partageait pas l'allégresse générale : c'était Françoise, qui voyait sa manœuvre perfide tourner au profit de son ennemie.

— Il n'y a que les mauvaises filles comme Elisabeth pour avoir de ces chances-là ! disait-elle en suivant la foule.

Heureusement que sa voix se perdit dans le bruit de la multitude, comme une fausse note dans un chœur immense.

Quant à maîtresse Gilles, elle n'avait pas encore retrouvé la parole et ne pouvait détacher ses yeux de la bourse que son mari tenait dans ses mains. Soudain elle se frappa le front, comme une personne qui rappelle ses souvenirs; puis on la vit courir du côté de l'étable et rapporter un petit agneau dans ses bras. Mais Louis XVI était déjà rentré dans sa voiture, les postillons fouettaient vigoureusement les chevaux et, dans dans son désespoir, maîtresse Gilles crut apercevoir, à travers le nuage de poussière qui s'élevait de la route, la maîtresse d'auberge de l'Aigle recevant le baiser du roi.

A quelque distance de la ferme, Louis XVI

aperçut, en se penchant à la portière, un jeune paysan qui pleurait au bord de la grande route. Il reconnut le gros chien noir qui était assis auprès du jeune homme. C'était son compagnon de table; c'était Fidèle qui regardait tristement son maître, sans oublier toutefois de surveiller en même temps le bâton de voyage et les habits roulés dans un mouchoir. Louis XVI pensa que la Providence, en plaçant le maître du barbet sur sa route, ne voulait pas qu'il laissât sa bonne action inachevée. Il fit arrêter sa voiture et appela le jeune homme.

— Comment vous appelez-vous? lui dit-il avec bonté.

— Germain.

— Vous êtes le fils de maître Gilles?

— Oui, monseigneur, pour vous servir.

— Eh bien! ne pleurez plus et retournez à la ferme. Élisabeth vient de faire un héritage et maîtresse Gilles consent à ce qu'elle devienne votre femme.

— Vous avez l'air trop bon, monseigneur, pour vouloir me tromper, dit Germain. Tout mon bonheur est attaché à l'accomplissement de ce mariage; et, si vous aviez abusé de ma simplicité pour vous amuser de moi, vous m'auriez donné le coup de mort !

— Croyez-moi, reprit Louis XVI : le bonheur vous attend à la ferme.

— Dieu vous bénisse, monseigneur ! s'écria Germain, et vous accorde de longs jours !

— Voilà deux fois aujourd'hui que ce souhait m'est adressé, dit le roi à ses gentilshommes ; ne puis-je pas espérer que les vœux d'Élisabeth et de Germain me porteront bonheur ?

Les chevaux reprirent le galop ; et, tandis que Louis XVI courait à ses destinées, Germain marchait à grands pas, la joie au cœur, vers la ferme de maître Gilles, que les paysans avaient baptisée, dans leur enthousiasme, du nom d'*Hôtel fortuné*. Depuis ce jour, bien que la vieille maison n'offre plus le lit et la table aux voyageurs, on n'a cessé de l'appeler dans le pays l'*Hôtel fortuné*, comme si le peuple eût voulu perpétuer ainsi le souvenir du passage de Louis XVI.

# TABLE DES MATIÈRES

## BARBARE

| | |
|---|---:|
| Chapitre I. — La Déesse de la Liberté | 1 |
| — II. — Le club | 17 |
| — III. — Le proscrit | 27 |
| — IV. — Une crise domestique | 35 |
| — V. — Désespoir de Dominique | 47 |
| — VI. — Le pont de cordes | 58 |

## MICHEL CABIEU

| | |
|---|---:|
| Chapitre I. — | 75 |
| — II. — | 85 |
| — III. — | 92 |
| — IV. — | 97 |

## LE MAITRE DE L'ŒUVRE

| | |
|---|---:|
| Prologue. — Les deux touristes | 101 |
| Chapitre I. — Pierre Vardouin | 110 |
| — II. — A propos d'une fleur | 121 |

Chapitre III. — Maître et apprenti.............  136
— IV. — .........................  151
— V. — Deux martyrs................  179
Épilogue... — Visite chez l'ex-magistrat......  208

## L'HOTEL FORTUNÉ

Chapitre I. — Le rêve...................... 215
— II. — Le renvoi..................... 237
— III. — Louis XVI.................... 260

Paris. — Typ. L. Guérin, rue du Petit-Carreau, 26.

www.ingramcontent.com/pod-product-compliance
Lightning Source LLC
Chambersburg PA
CBHW050632170426
**43200CB00008B/980**